Сто советов учителю

给教师的建议

[苏] B.A.苏霍姆林斯基 著　　邵鹏洁 译

В. А. Сухомлинский

浙江教育出版社 · 杭州

图书在版编目（CIP）数据

给教师的建议 /（苏）B.A. 苏霍姆林斯基著 ; 邵鹏洁译. -- 杭州 : 浙江教育出版社, 2022.9
ISBN 978-7-5722-3691-4

Ⅰ. ①给… Ⅱ. ①B… ②邵… Ⅲ. ①苏霍姆林斯基（Suhomlinskii, Vasilii Aleksanlrovich 1918-1970）—教育思想 Ⅳ. ①G40-095.12

中国版本图书馆CIP数据核字（2022）第095909号

责任编辑 赵露丹　　**美术编辑** 韩　波
责任校对 马立改　　**责任印务** 时小娟
产品经理 李　娜　　**特约编辑** 王香力

给教师的建议
GEI JIAOSHI DE JIANYI

［苏］B.A. 苏霍姆林斯基　著　　邵鹏洁　译

出版发行　浙江教育出版社
（杭州市天目山路40号　电话：0571-85170300-80928）
印　　刷　三河市冀华印务有限公司
开　　本　700mm × 980mm　1/16
成品尺寸　166mm × 235mm
印　　张　18.25
字　　数　278000
版　　次　2022年9月第1版
印　　次　2022年9月第1次印刷
标准书号　ISBN 978-7-5722-3691-4
定　　价　39.80元

如发现印装质量问题，影响阅读，请与本社市场营销部联系调换。
电话：0571-88909719

代序

本书的创作灵感源自我在帕夫雷什中学工作期间同初入职场的年轻教师无数次的会面、交谈以及成千上万封的信件交流。

我认识无数领域的工作人士。但我十分确信的是，没有哪个领域的人士会像教师一样充满创造力，具有孜孜不倦的探索精神。我永远不会忘记一位来自遥远的卡巴尔达村的年轻女教师。大学毕业的头一年，教授英语的她就遇到了诸多困难。这个之前满心期待能够在教育领域取得初步成就，幻想能从同学生的精神交流中获得快乐的姑娘，感到自己似乎并没有教书育人的使命感，似乎选错了职业。姑娘不安地给我写了几封信咨询："什么是教师工作的使命感？如何培养这一使命感？如何培养对事业的热爱？"我的回答未能让她满意。于是，她专程过来，想当面向我诉说自己的忧虑。她说："我去过上百所学校，同成千上万的教师交谈过，我想搞清楚自己是否有教育孩子的志向。"

从创造性劳动中获得快乐，并因此获得生活上的充实感——这是每个有修养、受过良好教育的人都努力追求的目标。关于如何在教育年青一代的崇高事业中施展自身的才华，如何在这一最有趣、最复杂、最具人文关怀的领域中找到自我——这是一个让人深感忧虑的问题。它在无数的来信和交谈中都被提及。不管是刚从中学毕业的 17 岁姑娘，还是师范院校的毕业生，还是已在自身的工作领域初次体验到成功的快乐和失败的懊恼的教师，都在努力寻求这一问题的答案。那么，就从这一问题开始，我向诸位教师提出100条具有可操作性的建议。

目录

上篇

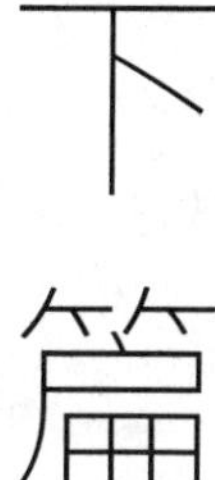

上篇

1

教师工作的使命感及培养

正如任何一份专业性强、目标明确、有针对性、系统性的职业一样，育人也是如此，但它又是一种与其他劳动迥然不同的特殊职业。育人工作具有以下特点。

（1）当我们在育人时，我们在同生命中最宝贵、最复杂的存在——人打交道。正是我们自身、我们的能力、技巧、艺术和智慧决定了他的生命、健康、理智、性格、意志、智力、公民性，决定了他在生命中所处的地位和所扮演的角色，决定了他的幸福感。

（2）育人工作的最终成效不是当下，而是在相当长的一段时间之后才显现的。教育工作者的一言一行，他为培养孩童所做的一切，有时过5年或10年才会见效。

（3）孩童一生中，有诸多人和事都会对他产生影响，其中包括父母、同学、我们所说的"街区氛围"，他所读过的书、看过的电影——这些书和电影您也许闻所未闻，与他完全不期而遇的、能对年轻的心灵产生深刻影响的人等。这些影响可以是正面的，也可以是负面的。一些家庭里，沉重、压抑的氛围会给人的一生造成挥之不去的阴影。学校的使命、我们同你们——亲爱的同人们所面临的最重要的任务在于为"人"而奋斗，克服上述消极影响，促进积极影响。

为此，教师有必要对学生产生最显著、最积极有效的影响。德·伊·皮萨列夫[1]曾言，“人的天性如此丰富、强大、具有可塑性，这使人能够在极度压抑的畸形环境中保有力量和美感”。然而，只有当孩童遇到有能力、有智慧的教育者时，他的天性才能被完全释放。

（4）教育工作的对象是正在成长的个体精神生活中最细微的一面：智慧、情感、意志、信念和自我意识。要对这些方面产生影响，只能通过智慧、情感、意志、信念和自我意识。我们对中学生精神生活产生影响主要依靠教师的一言一行，为其创造美好的周围环境，让其感受艺术之美，使其能够彻底表达情感——人际关系中产生的所有情感，等等。

（5）教育工作最重要的特点之一是教育者的工作对象是不断变化的、不断成长的孩童。我们工作的目的是塑造人，这赋予我们特殊的、非同寻常的责任感。

以上是育人工作的特点。那么，育人工作的使命感是什么？育人所需的客观条件都有哪些？如何培养、确立、发展并完善这一使命感？

与人交往是每个人最根本的精神需求，通过与人交往，我们获得快乐，丰富生命。但由于各种各样的客观条件，一些人的这一需求很少被满足；还有一些人，与人交往似乎是其主要性格特点。有些人天生就不合群，他踽踽独行、沉默寡言，更愿独处或只和小部分人交流（当然，此处探讨“天性”毫无意义，具有决定性作用的是教育，特别是孩童的早期教育）。如果与一群人交往让您头大，如果您宁愿独自工作或者与三两好友在一起，而不是与一群人，那您就不要选择教师作为职业。

教师这份职业是一门研究人、永不停止对人的复杂精神世界探索的科学。这类职业的显著特点是不断在人身上挖掘出新的东西，并为此欣喜。从人成长的动态视角来看待人，这是激发教师工作使命感的基础之一。我坚信，这一基础是人在孩童、少年时期就形成的，是在家庭和学校教育中奠定的。它的形成

1. 俄国著名的唯物主义者和民主主义者，与车尔尼雪夫斯基齐名。

依靠以爱人、敬人精神教育孩子的父母和老师的关怀。

如果您有成为一名教师的梦想，那就要不断尝试，磨炼自己。您上九年级或十年级时，请共青团委让您担任少先队或预备少先队辅导员。您需要管理40个孩子，乍一看他们没什么不同，甚至长得都一样，但等到第三天、第四天、第五天，去过几次森林和野外后，您就会坚信，每个孩子都是独一无二的，都是一个完整的世界。如果这一世界展现在您面前，如果您在每个人身上都发现了独特之处，如果您的内心感受到了每个孩子的喜悦和悲伤，并能用焦虑、关怀、不安去回应每个人的痛苦，那就勇敢地选择教师这份崇高的职业吧。因为教师工作的创造力（下文还将探讨）首先体现在对人的认识和感知上，并为人的饱满和丰富而惊喜。

如果40个孩子让您觉得千篇一律，您难以分辨每个孩子的长相，无法记住他们的名字，难以从每一双纯净的眼睛中深刻体会到孩子的个性和独特性，无法通过孩子在幼儿园某个角落的大喊声立马判断出（而是要过一周，甚至一个月才能判断出）这是谁，这叫声发出了什么信号，那么请您三思，仔细判断自己是否适合当一名教师。因为不存在任何一种教育规律、任何一个普遍真理，对所有孩子都绝对适用。实践教育需要专业的知识和技能，甚至可以称为艺术。育人——首先要了解人的内心，看见、感受他独特的世界。

“假若我有权力，我会封住任何说‘人不可塑造’的人的嘴”，伟大的思想者阿拜·库南巴耶夫的话深入我心。每当我思索教育工作的使命感时，每当我同年轻教师谈论其喜怒哀乐、起起伏伏时，这些话就会浮现在我脑海中。要永远相信人，相信人性本善——如果您想一生从事教师这份高尚的职业，您内心应当永远坚信这一点。这种信仰不是针对抽象的人，自然界并不存在这种人，而是相信在我们社会主义国家成长的苏维埃儿童。

教育工作使命感养成的基石在于坚信能够成功培养每一位孩童。我并不相信存在孺子不可教的孩童和青少年。因为我们面前是一个生命，世界刚刚在他的面前打开，我们有权使任何事都不能打压、摧毁、抹杀他身上美好、善良、人性的东西。因此，决定终生从事育人工作的人应对孩子身上的缺点有耐心。

如果用理智和心灵认真审视和思考这些缺点，它们就会变得十分微不足道，完全不值得生气、愤怒和惩罚。不要觉得我提倡的是处处忍耐、绝对忍耐、忍耐痛苦。这里讲的是另一回事：孩子的长辈——父母和老师要有能够理解和认识孩子犯错动因的智慧。要认识和体会到，这里犯错的是孩子，不要将孩子和您自己相提并论，不要对他们提出和成人一样的要求，但也不要允许自己孩子气，把自己降到孩子的高度，同时要认识到孩子的行为及其所处集体关系的复杂性。

如果孩子的淘气让您恼火、心烦意乱，如果您觉得这些孩子已经闹到极点，想采取极端的措施制止他们，那请您深思自己是否适合当一名教师。如果您同孩子冲突不断，您就不应该成为教师。您首先要意识到同自己打交道的是孩子，善于通过这一意识来化解冲突的能力源自滋养教师使命感的根基——将孩子作为不断变化的个体的理解和感知。

还有一点，没有这点，育人工作的使命感也无法养成。我将这点称为“情感与理智的平衡”。除了教师和医生，未必有其他职业需要我们如此真诚。您教导的学生可能不止40位，如果您教授的是高年级学生，班里会有100名、150名学生。每个学生都需要您分点心，需要您分享他的喜怒哀乐。富有同理心，能够发自内心地关怀学生是教育工作使命感养成的关键。教师切忌冷漠无情、麻木不仁。冷冰冰的理性，反复权衡一切，在所有规则遵守方面都过于谨小慎微会引起学生对老师的戒备和不信任。过于理智的老师不仅不会受到学生的爱戴，而且永远无法让学生在自己面前敞开心扉。

教师在任何情况下都要听从内心情感的召唤，人的情感总是最无私的。但同时也要学会用理性控制情绪风暴，不能陷入情绪黑洞的旋涡。当教师处理学生的错误行为时，这点尤为重要。

教师教育的艺术和技巧正在于善于将真诚与智慧结合起来。

有时，我们需要平复一下心情，延迟做出决定。每当我要和学生谈论反映其复杂、矛盾的内心活动的行为时，我常常把这类谈话推迟几天。尊敬的同人，请相信，这样您谈话时的情绪会更加饱满，您对学生大脑和心灵的态度会更有温度，因为您的情感会因您充满理性的见解而变得高尚。同时，您的见解、您的教诲会抵达学生内心深处，因为它们热情洋溢，充满了对学生的担忧。这一能力——善于在同学生，特别是少年进行真挚谈话之前调整自我的能力在教育方法宝库中尤为重要，每位教师都应当为自己创建这样的宝库。教师应当培养自身的这一能力，应当建立、完善、“打磨”它，使其更加精锐、有效。

教师在塑造这一能力时，有必要深入探索孩童的内心世界，思考他在意的东西是什么，他如何看待世界和身边的人。

亲爱的同人，要成为一名真正的教师，需要上这所“真诚”学校——您需花很长时间用心去感受学生的精神寄托、所思所想以及喜怒哀乐。这是我们教育事业中最细致入微的一面。如果您坚持不懈地努力做到这点，您就会成为一名真正的大师。

2

教师的身心健康及教师工作的乐趣

我想起一次我校为送别退休教师而举行的隆重晚会。邀请我参加这个晚会的是一位还比较年轻的老师，她 20 岁参加工作，退休这天只有 45 岁。阿纳斯塔西亚·格里高利耶夫娜为什么要退休？对此，所有人都困惑不解。奇怪的是，她不想再多工作一天，她选择在学校工作 25 年整的那天退休。阿纳斯塔西亚·格里高利耶夫娜对当时身为年轻教师的我们所做的演讲消除了大家的疑虑。她说："亲爱的朋友们，我想退休是因为教育工作不是我所热爱的事业。我无法在这项工作中得到满足，它没有给我带来任何的快乐。这是我生活中的灾难和不幸。我每天都在期盼：赶紧下课吧，快点让我清静，快点让我一个人待会儿。你们可能会非常惊讶：一位女性 45 岁就要退休，要知道她还处在年富力强的年纪。不，我一点也不年富力强。让我疲惫不堪的是，工作并没有给我带来快乐。我患有严重的心脏病。在此，我建议年轻教师，请扪心自问，如果这份工作没有给你们带来快乐，请离开学校，重新给自己在生活中准确定位，找到自己所热爱的事业。不然，工作这些年会让你们痛苦不堪。"

亲爱的朋友们，让我们一起来反思下这个令人悲伤的故事。健康的身体、愉悦的心情、饱满的精神状态、从工作中获得快乐、从所热爱的事业中获得成就感——这些要素彼此相关，密不可分。这里最重要的是身心和谐的状态。身体健康对教师来说非常重要，倘若不治之症悄然而至，我们的生活将会变成灾难！要知道经常会发生这种情况，一名教师在45—47岁时体力已经完全被透支。可他刚刚达到教育智慧的巅峰，领悟了教育技能和艺术的奥秘，树立起身为教师的信念，却出现体力不支的状况。一位从16岁翩翩少年起参加工作，至今有25年工龄的老师写信说："我好害怕自己在45岁左右就变成主席团的'名誉委员''退役将军'。"我们怎样才能不以牺牲健康为前提做好本职工作呢？要知道，保持健康首先是为了好好工作、好好创造，不工作就不会感到幸福。

我曾与400位年龄在45—50岁的老师交谈过。谈到健康时，许多老师抱怨："心跳无力""心脏不舒服"。心脏衰竭、神经系统紊乱，疾病就此乘虚而入，这不仅限制而且常常彻底中断了教师的创造性劳动，迫使其提前退休。教师要保护好心脏和神经系统。我们要科学工作，以便到60岁依然健康，充满活力。如果一位老师思维敏捷、思想活跃，但体力不支，那么对他而言，很难想象还有比这更悲哀的事了。

那么，教师应当如何保护心脏和神经系统呢？不要逃避一切需要情感的事，不要让内心冷漠。这里首先需要考虑到教师工作的职业特点。

教师工作是损耗心脏和神经的工作，这份工作无时无刻不在消耗人巨大的心力。教师工作意味着情绪在激动和压抑间不断交替。因此掌控自己、控制情绪是一项必备能力，这决定了教育活动的成功与否以及教师的健康状况。无法掌控局面首先会损害心脏，破坏人的神经系统。

教师应当如何培养自己这一能力呢？首先，要了解自己的健康状况，了解心脏和神经系统的特点。人的神经系统十分敏感，我们应善于巧妙利用这一特点来控制情绪。我通过将愁眉苦脸、放大他人的缺点、夸大孩子的"异常"意图和行为等消极的种子扼杀在萌芽中来培养这一能力。这些很难用语言来表达，但这正是我们文化和教育技能中的很大不足：用成人的标准去要求孩子，让孩子要么变成好为人师者，要么变成装载真理或训诫的冷漠"容器"。我常常努力不让自己神经紧绷，不压迫自己的神经，让神经放松。如何避免让自己神经紧绷呢？最有效的方法首先是将包括教师在内的整个团队的精力转移到需要齐心协力、共同创造、全神贯注、交流智力价值的事情上。经验告诉我，正是这样的集体活动似乎可以让教师不得不紧绷的神经松懈下来，让他缓解紧张情绪，避免神经受到刺激。如果不松一松紧绷的神经，还继续绷紧拳头大小的心脏，它就会紧张过度、受到刺激，变成极不稳定的“危险情绪”管理器。这些危险情绪每次都在工作中的意志和情绪博弈时产生。

一次，我带孩子们去森林里。班里有一个小男孩叫尤拉，他非常活泼、调皮、好动，他眼睛蓝蓝的，鼻子翘翘的，脸上长着雀斑。孩子们在林间空地集合以后，我发布指令：不管我们往哪里走，都不能迷路，也不要走丢。尤拉却跑到林间深处，藏在深谷里的某个地方，我们所有人都听见了他的呼叫声（彼此呼叫以免走丢）。一下就可以判断出，这个小男孩在恶作剧，给我们的林间徒步捣乱。但我提醒自己：不能夸大孩子的恶作剧。要知道尤拉还是个孩子，才上二年级，他不会有太多恶意。我就此设计了一个有趣的游戏。孩子们，我们不要作声，藏起来，让尤拉找不到我们。这样，就不是我们找他了，而是他找我们。我们悄悄地，连脚下的草也不发出沙沙声，慢慢地挪到只有我一个人知道的洞穴，藏在里面。孩子们兴奋地东看西看，尤拉大喊了好几次就停下了。他走到了其他地方，模仿夜莺歌唱，走向我们刚才集合的空地。他又大喊了一声，从这个声音里我听到了不安。他来到了空地，不呼喊也不模仿鸟儿唱歌了，而是慌张地呼叫我们：“你们在哪里？快回应我！”

教师要找到一种活动，让引起神经紧绷和怒气的事以另一种方式呈现出来，而不是强迫自己极力克制神经紧张。能把不愉快的、让人愤怒的事变得好笑，您就会成为集体思想和情感名副其实的主宰者。

第二个减少紧张和焦躁、放松紧绷神经的有效方法就是保持幽默感。如果您具有幽默感，您就能化解让人不安的紧张局面。乐观豁达、不垂头丧气、不陷于绝望的教师之所以深受学生爱戴和尊敬，是因为他们是快乐的人，富于幽默感。他们善于在日常的一言一行、生活现象中发现积极的一面。能够善意地嘲讽消极的一面，鼓励积极的一面是好教师和优秀学生集体的重要特征。

教师幽默感的缺失会加深师生之间的误解，导致教师不能理解学生，学生也无法理解老师。要意识到，孩子们不能理解老师，并不是要冒犯老师，老师有怒火只是因为老师的怒气找不到出口。我亲爱的同人，请您相信，有一半的冲突，其根源都在于师生之间的相互不理解。

教育工作的特点在于高度紧张的脑力劳动和相对轻松的时间的不断交替。多年的教育经验让我坚信：教师的心脏和神经需要长时间停止输出，停止消耗精神和心力。教师要给自己充电，充电的必要条件是能够合理安排休息时间。正确的休息方式，特别是在寒暑假的休息，可以增强神经系统的自我修复能力，锻炼耐力、稳定性及理性对情绪爆发的控制力。许多工作三四十年甚至更久的教师都谈到，长期与大自然相处特别能够锻炼人的耐力和自制力。人在同自然的交流中，紧张的身体可以同思想、感受融为一体。

同时，教师在日复一日的劳作中要爱惜精神力量。这也是拥有健康心脏和精神的重要保障。

3

在日复一日的劳作中避免神经的损耗

我们的工作是和孩子打交道，这点我们需要随时提醒自己。孩子的世界非常独特。教师要了解这个世界，但很少有人能做到。我们要深入探索孩童的世界，可以说，每位教师都应点亮永远照耀孩子的小火花。

那孩童的世界到底是个什么样的世界呢？在此，我向诸位老师提几点实际建议，我不强求大家都能对孩童身上的所有特点做出心理学方面的解释。童年时期首先是对周围世界感性认知的时期。孩子首先是用心去感知周围的一切以及他所做的一切的。朝气蓬勃的内心世界、感情游戏、情绪活动——这正是童年，是我们教育工作的对象，也是我们所处的工作环境。

孩子纯真的世界无时无刻不带给我们满足与不满、欢乐与悲伤、惊喜与哀愁、不解与惊奇、抚慰与愤懑。在孩子带给我们的诸多情绪中，有愉悦的，也有不愉悦的，有欢乐的，也有悲伤的。学会从中找到平衡是我们在工作中能够充满热情、获得快乐和成功的重要条件。如果同孩子相处给老师带来的只有绝望、愤怒、恼火这些情绪，那这些负面情绪只会给老师内心烙下深深的不愉快的感受，而且会损害他的健康。那些不善于用平衡的心态发现、感知孩子世界的教师，其神经功能常常会紊乱，其中最讨厌甚至最糟糕的是神经系统的耗竭。

“我一天共 3 节课，”坦波夫州的一名叫娜·莉迪亚的教师写信说，“但我回到家的时候常常筋疲力尽，濒临崩溃。不仅没有力气备课、阅读，也没精力思考。为什么呢？因为在学校工作的时候，我就像紧绷的发条。孩子们的淘气让我无法安宁。我感觉每个男孩子都只想和我作对。我看到课上费佳推了一下万尼亚，万尼亚就予以回击，用尺子打了下费佳的头……其他老师都觉得这是鸡毛蒜皮的小事，但我却无法容忍。我因为这事怒火中烧，心脏差点儿跳出来，手脚发麻。我想用平静的口吻批评学生，但声音却在颤抖，孩子们看到了，我感觉他们在笑我，故意再搞出新的恶作剧。我该怎么办呢？”

这已是神经功能紊乱了，这位老师的问题在于她不了解孩子的世界。我亲爱的同人，整体来讲，孩子的世界是非常美好的，如果您了解他们的世界，如果您感觉能在他们的世界如鱼得水，孩子们给您带来的体验和感受更多的是好的，而非不好的。所以，要学会用心去倾听、理解、感受那被称为童年的旋律，首先要聆听明快、积极的旋律。教师不仅要成为童年这段旋律的倾听者、消费者，而且要成为创作者——这段音乐的作曲人。创作明快、乐观的童年旋律吧，这决定了您的健康、心力和心情。您的钢琴、书写着童年旋律的谱子、指挥旋律的指挥棒是既简单又复杂的东西——乐观。请记住，孩子和青少年当中是没有坏人的，如果偶尔有，也是千分之一、万分之一的概率，如果他们作恶，就用善良、人性以及美妙的小提琴和指挥棒——乐观来医治他们的恶吧。

孩子身上没有任何需要教育工作者残忍对待的地方。如果孩子内心出现恶，那这恶首先要用善去驱除。此处并非宣扬不反对恶，这是对待孩童世界的一种切实可行的方法。我憎恶对孩子持有不信任的态度，憎恶一些形式主义的要求和禁令。这也不是倡导我们要对工作马马虎虎，要去“放养”孩子，而是我们坚信，对孩童的善良、仁慈、爱意并不是抽象的，而是人道的、切实可行的、充分信任孩子的态度，这是一种强大的力量，在孩子身上培养一切美好的东西，使人变得完美。我不相信，被正确教育的孩子会成为流氓、寄生虫、厚颜无耻之徒，会成为道德败坏、虚情假意的人。

保持乐观、信任的态度是师生创造能量、神经力量和身心健康永不枯竭的源泉。请勿让不信任和怀疑的种子在心里生根发芽。对人的不信任，哪怕只有一丝，不管一开始看起来有多么微不足道，都会演变成恶意。鉴于这里谈论的是身心健康，我将这种恶意称作“恶性肿瘤”。恶意是一种危险的心灵疾病，它会对心脏和精神产生不良影响。这种疾病会蒙蔽教师的双眼，让他无法看到人身上好的一面。恶意是一副神奇的眼镜，透过镜片，教师会将人身上的优点缩小到看不见，缺点却被放到最大，导致这些缺点完全掩盖优点。年轻的朋友，当教师任由不怀好意去繁衍，允许同乐观信仰背道而驰的恶意和恶行滋生时，他的健康问题就由此产生。不怀善意是恶之母，恶，形象地说，就是一根尖利的刺，不断刺伤人心脏最敏感的部位，让神经变得脆弱，使人筋疲力尽。

要害怕幸灾乐祸的小火苗。假设（纵使您从未有过）您惩罚了学生，对他恶语相向，您在学生手册中给他记过，并且暗自窃喜：你爸爸会看我的记录，他非常严厉，会教训你的……您很快地看了一眼孩子忧伤的眼睛，您没有任何的不安，而是十分冷静。亲爱的朋友，请记住，您的灾难从此刻开始：您的内心深处埋下了幸灾乐祸的种子。这幸灾乐祸起初看起来并无恶意，像弱小的怪兽，但实际已似毒蛇。幸灾乐祸也会让人失去耐心，一颗幸灾乐祸的心会变得麻木不仁，这颗心会对孩子敏感的内心活动视而不见。幸灾乐祸的人会把孩子普通的顽皮理解为恶和恶意。对孩子的恶作剧、淘气失去耐心会让老师变成冷漠无情、讨厌孩子的说教者和监督者。同时，对此孩子们会以故意挑刺来回应，他们会让老师抓狂，非常让人伤脑筋。恶一旦开始，教师的心就无时无刻不在压制自己的恶意，他的心力会被耗竭。朋友们，千万不要这样，这是巨大的不幸。如果您无法避免这点，您就会成为暴躁易怒、内心阴暗的人，工作也会变成您的负担，您的内心也会变得千疮百孔。

充满善意、合乎情理的善良应是学生集体中的主要氛围，是师生关系的主要特征。那这一美好的词意味着什么？这一表示深刻复杂的人际关系的词意味着什么？如果善意是相互的，那我们就应该在他人面前敞开心扉。

我无数次谈论过，并且一生都会坚信，师生之间互相保持善意不仅是联结师生心灵的纽带，而且借助这点，人和人无须语言就能相互理解（请注意，这点在教育工作中极其重要），就能感知他人最细微的精神活动。多年的教育工作使我相信，如果我对孩子们友善，并教导他们充满善意，他们就会安抚我的心灵和神经；当我内心沉重，难以用语言表达时，他们也能理解我。因为孩子们能够理解我的处境，他们发现我心情沉重后，连讲话都很小声，不去吵闹，课上课下都尽可能地让我安宁。这种相互体谅的关系、善于读懂他人心灵的能力是我们健康的不竭之源。到这里，我们又触及了学校生活中十分特殊的一个领域，我们应当时常理性探讨这一很少被探讨的领域，即作为情感教育最重要领域之一的善意的本质。

4

请保持善意

这条建议针对宏观上的教育素养及教育素养中的情感层面。保持善意意味着对待学生要像对待自己的孩子一样。学生成绩不好，落后于同学，学习吃力，干了坏事——所有这些都是灾难。倘若这里陷入灾难的是您的儿子，您会怎么做？您未必会做出以下决定：把学生开除，因为他的不良行为降低了对他的评价……当然，聪明的父母凭理性会意识到，这些办法也是需要的，但是内心的情感会先于理智提醒他们要采取其他一些极其必要的措施来救儿子，要知道只通过惩罚是没有办法拯救一个人的。情感会要求他们在儿子的内心培养纯洁高尚的道德感，使他成为大写的人。这就是情感的召唤，这就是善意。教师的善意首先体现为不允许孩子变坏，阻止他误入歧途。对待学生像父母对待孩子那样就意味着保护孩子内心免于恶的侵袭。如果您的内心真正关怀每一个孩子，他们中的每一个对您来说都不是工作日志上的符号，而是鲜活的个体、独一无二的世界，您就会相信：当孩子身上发生不幸时，您的内心就会告诉您该怎么做。这就是内心的召唤，是将善意付诸行动的召唤。

保持善意说起来容易，但善意需要培养，且只有当这种心理是相互的时候才能培养。此时，老师希望学生好，学生也希望老师好，学校氛围达到了十分和谐的状态。互相的善意在情感修养良好的大氛围中才能培养起来。我常常把教导孩子用心去感知世界、感知他人的处境看作一项重要的培养目标，这里的“他人”不仅包括他的亲朋好友，而且包括他在人生道路上遇到的同胞。教孩子能够感受到他所遇见的人心情沉重，他正经受着痛苦——这是一项十分细致的教育技能。我想同诸位同人分享以下经验：教师应当如何培养自己这方面的技能？如何培养孩子的情感素养？如何将这一素养变成互相的善意？

春天，学校附近的甜菜种植场有集体农庄的女庄员在劳作。每日清晨，太阳刚从地平线上升起，女庄员就陆续来到了田野。此时，我所教的一年级学生也来到了校园。我们一起在“美丽角”——湛蓝的天空下我们的“绿色”教室里欣赏日出。这是很大一片绿荫，茂盛的枝叶帮我们遮挡住了骄阳。我们身旁两三米处，有几个女庄员经过，我们看得清她们的脸庞和眼睛。如果安静地坐着，屏住呼吸，我们还听得到她们的呼吸声，但她们却看不到我们。我教导孩子们：观察这几位妇女的眼睛，学会感知她们每个人的内心——是异常平静还是充满痛苦。每天我们看到的都是这些女性。我们已经习惯看到，那长着蓝蓝的眼睛，扎着粗辫子，有两个孩子的年轻妈妈唱着歌儿来到田间干活儿。她常常伫立在地头，面带微笑，望向蔚蓝的天空，聆听百灵鸟的歌唱。“她生活得很快乐，很幸福。”我跟孩子们讲。每当我们看到他人幸福时，我们自己也会变得快乐。还有一位妇女，每天早上走进歪歪扭扭的田间小道，折几枝野花，我们从她的眼睛里感受到了她积极乐观的人生态度。还有两个姑娘走到草地的泉水旁，把水当成镜子，整理发型，欣赏自己的美。孩子们，看啊，她们的眼神里充满了喜悦和期待。有位长着一双黑色眼睛的妇女不仅折了几枝野花，而且还坐在树桩上把它们编成了花环，当然，这花环是给小姑娘编的。亲爱的孩子们，请仔细观察她的眼睛，你们会感受到母爱的温暖。孩子们，请看这位满头银发的妇女，她的眼神是如此哀愁，充满了痛苦。她停下来，望着太阳，望着逐渐消失在绿色中的村庄，深深地叹气。她没有走向田间小路，而是走向通往村庄的路。她在路边折了几枝野花，放在了在同法西斯的斗争中英勇牺牲的士兵纪念碑前。她在墓前献了花，请看，她在哭泣。

孩子们，你们看到的是人世中最伟大的痛苦——母亲的悲痛。她现在又经过我们的“美丽角”，请再仔细观察她的眼睛。

孩子们安静地坐着，屏住呼吸。树叶和小草都没有沙沙作响，周围十分安静。我们看到的是一位母亲哀伤的眼睛。我们听见，她凝视了墓碑之后，发出了沉重的叹息声。

此时，无须给孩子任何解释，他们就能明白，这位母亲的儿子在战争中牺牲了。我给他们讲述了这位母亲巨大的痛苦：她的丈夫和两个儿子都在战争中牺牲了。

之后，我又开设了许多堂课来教孩子们用心去感受他人的内心。我们到田野里，坐在乡间小路边，有人时不时地从旁经过。

观察一下路人的表情、眼神，孩子们就能感受到他的内心世界。有些人生活得很快乐，有些人心中有令人心潮澎湃的珍贵梦想，还有些人内心充满了疲倦和冷漠——不，这些人内心也不好受……还有一些人内心充满焦虑，或许这是生活琐事的焦虑，是日常的焦虑，或许是因为发生了重大事故而焦虑。看，这位老爷爷很悲伤。孩子们的内心紧张了起来。他们尚未见过如此悲伤的眼神。于是，他们说：“他很难过，他身上发生了不幸，我们要问问他需不需要帮忙……”

他们走到老爷爷跟前，问道：“有什么可以帮助您的吗？”老爷爷亲切地把手放在小季娜的头上，沉重地叹了口气，说：“孩子们，你们没法帮助我，我的爱人刚刚在医院去世……我们共同生活了47年……你们不能帮我什么，但我内心依然感到宽慰了许多，你们是很好的孩子……”

情感素养就这样被培养出来。这是一个十分细致、漫长的过程，需要教师具有极好的分寸感和观察能力，需要他仔细探索，深刻认识每个孩子内在的精神世界。

能够用心感知他人的孩子就是充满善意的。但同样重要的是，他也能够接受老师的善意：他能够感受到老师的善意，并回之以善意，这一点在教育工作中的重要性是无法估量的。孩童的心灵应随时都能受到温暖、善良、真诚的洗礼。您可能会听到老师们的抱怨（或许，您也会这样）：我该怎么办呢？孩子不理解我的苦口婆心，我对他这样好，这样敞开心扉，但他不领情，还嘲笑我的善意。遗憾的是，这种事常常发生，孩子内心冷漠无情的根源在于心灵缺乏教养，在于孩子在童年早期并未学习用心去感受他人。

如果您教会了孩子用心去感受他人，那么您的善意就会创造奇迹。教师的善意应用于何处？首先要用于孩子的脑力学习中。在智力教育中保持善意就意味着能够理解孩子身上的全部优缺点，能够感知孩子脑力学习中的细微层面。您的善意是一种强有力的教育手段，它会一直发挥作用，直到孩子想成为一个好人，直到他想不断发展自己的自尊心。我们可以看到，教育事业中的各种现象和事实之间存在十分紧密的关联：孩子的成绩会影响他的精神状态；孩子的精神状态又会对教师的精力充沛、身体健康产生影响。如果学生想努力变好，想掌握知识，您的工作已经获得了一半的快乐。

孩子的自尊心取决于他在学习中取得的成绩，而学习成绩取决于教师对孩子的善意，当然还取决于孩子的内心能够接受教师多少善意。亲爱的同人，请记住，孩子在学习中取得好成绩，他的自尊心获得发展是您创造性劳动中的快乐火花。当这一火花被点亮时，您的内心就会充满力量，就会感受到创造的快乐。

然而，如何让学生不断在学习中取得进步？这是另一个问题。如何培养孩子的自尊心？如何用“想变好”这一巨大的精神力量去鼓舞孩子？在此，我提出一条建议：没有，也不可能有抽象的学生。

5

请记住，没有也不可能有抽象的学生

为什么一班常常有学习不好、跟不上的学生，二班、三班只是偶尔有几个让老师都很绝望的差生？因为老师没有在学校最重要的领域——学习活动中对学生给予个性化对待。

试想，您让所有刚上小学的 7 岁孩子完成同一项体力劳动，比如挑水。一些学生挑了 5 桶就累了，还有一些可以挑 20 桶。如果您让一个瘦弱的孩子去挑 20 桶水，这会让他筋疲力尽，第二天他啥也做不成，甚至会累出病来。同样，每个孩子对脑力劳动的承受力也是不一样的。一些孩子理解接受能力强，脑子转得快，记忆力也强，能记得很久、很牢固；一些孩子在从事脑力劳动时恰恰相反：对学习材料领悟得很慢，记东西也很慢，而且很容易遗忘，哪怕他之后智力发展得更好，取得比早期学习好的孩子更显著的成绩，但这种现象并不罕见。学生并非抽象的符号，不能用千篇一律的方式机械教育和培养。要让学生在学习中取得成绩，没有固定的前提条件。“在学习中取得成绩”这一概念本身就是相对的：对有些学生而言，取得成绩的标准是得 5 分；而对有些学生而言，得 3 分就已经是很大的进步了。能够准确判定每一位学生当前最擅长的是什么，如何在未来发展他的智力是教育智慧中的重要部分。

教师是否能较好地爱护、培养每个学生的自尊心取决于教师如何看待学生取得的学习成绩。教师不可以要求孩子去做他完全不可能做到的事。每一门课程的教学大纲都有特定的难度和知识范围，它并不是针对每个活生生的个体而设置的。每个学生对这一难度和知识范围的理解和接受程度并不同。一些孩子在一年级就能独立完成大纲内的题目，一些会在二年级结束，甚至三年级时才能做到。教师要学会判断可以通过哪种方法，放慢多少进度，克服什么样的困难来帮助一些孩子达到大纲规定的水平，如何在每个孩子的学习过程中有针对性地实施教学大纲。

教学和育人的技能和艺术在于挖掘每个孩子的潜力和可能，让其体验到从脑力劳动中取得成绩的快乐。也就是说，在教学中要体现个性化的教学方法，其中既包括学习内容（任务特点），又包括时间安排。有经验的教师会给一些学生布置两三道，甚至四道习题，给一些学生只布置一道题。一些学生接收到艰巨的任务，一些学生简单些。一些学生要完成创作型的语言类作业，比如写作文，另一些学生则要学习文学文本。

这种教育方法让所有学生都在进步，有的快一点，有的慢一点。在所取得的成绩中，学生会看到自己付出的劳动和努力。学习给他们带来精神上的满足和发现的快乐。师生之间在相互关怀的同时会变成互相信任。学生眼中的老师不再只是严苛的监督者，面对成绩想的不再是要挨打。他会对老师推心置腹：我这点没做好，我没有办法做到。他的良知会十分敏感，不再想着抄别人的作业或考试打小抄。他想建立自己的尊严。

形象地说，学习成绩是通往孩子内心的小径，在他内心的角落里燃烧着渴望变好的小火苗。请保护这条小径和这朵小火苗吧。

我的一位朋友伊·格·特卡琴科是一位非常优秀的数学老师（在基洛沃格勒州的波格丹诺夫中学）。他这样讲述自己的备课过程：“我会想好每个学生在课上要做什么。我会给所有学生布置能让他们取得进步的学习任务。如果学生在学习知识的道路上没有取得丝毫进步，这堂课对他来说就是徒劳无益的。毫无成效的学习对老师和学生都是非常危险的事。”

帕夫雷什中学的阿·格·阿里申科和马·阿·雷萨克是这样安排自己的课

堂活动的。学生在解题时会分成好几组（解题占课堂时间的 90%）。第一组是最训练有素的学生，他们无须任何帮助就能轻而易举地解出任何一道题，这组里甚至还有一两个学生不打草稿就能够口头解题，老师还没来得及说完题目，他们就已经举手了。对待这组学生，除了大纲范围内的题目，老师还会挑选一些超纲题目：要给这些学生力所能及但又需要动脑筋的难题。有时，老师还会给他们一些他们自己不能独立完成的题目，但老师的帮助仅限于给一点点提示。

第二组是特别勤奋努力的学生。对他们而言，要出色完成任务需要动点脑筋，需要摸索，克服一些困难。老师对这类学生的评价是：他们靠埋头苦干取胜，他们的优异成绩源自勤奋好学和坚持不懈。

第三组是不借助帮助能够解出中等难度习题的学生，但有些复杂的难题他们解不出来。在学习过程中，如何帮助这类学生需要很大的教育智慧。

第四组是思考很慢、解题很慢的学生。他们的解题速度要比第二组、第三组同学慢 2 到 3 倍，但无论如何也不要催促他们。

第五组是完全无法解出中等难度题目的个别学生。老师会专门为他们挑选一些能够帮他们取得一些进步，哪怕是微小进步的题目。

这些分组并非一成不变的。如果脑力劳动能给人带来进步的快乐，那这种脑力劳动就能促进能力的发展。

如果有老师教的每位学生都能取得进步，请您仔细观察他的学生在课堂上的学习活动。在这样的课堂上，老师和学生之间互相充满关怀，这也是上文所提到的，智力的灵感会随时爆发。每位学生都想通过自身努力实现自己的目标，您从孩子的眼睛中也能看出来他们十分专注，时而发现了快乐的小火苗（找到了正确的道路），时而专心致志地思考（怎么才能解出题）。能在这种氛围里工作是老师极大的享受。亲爱的同人们，请相信我，在这样的课堂上，无论老师的教学活动是如何紧张，他都有课间休息时间，没有课间休息是很难连上四五节课的。

几年前，我教授五年级至七年级的数学，这门课程和文学课、历史课交替进行。对我来说，这是真正的休息。在这些课上，每个学生都能体验到进步的快乐，不会疲倦，也不会惹老师生气，老师无须焦躁地等着那些不愉快发生，无须看着那些由于无所事事而时不时恶作剧的淘气包，他们的精力都集中在课堂上。一般情况下，如果老师让这些淘气包专注于力所能及、有助于取得进步的学习活动中，他们就会聚精会神地学习！在紧张的学习活动中，孩子的内心世界也打开了，他们完全换了一副模样：所有人的注意力都集中到更好地完成学习任务上来。

一些老师抱怨说学生在课上淘气，做小动作……这使我感到懊恼和不解。亲爱的同人们，如果你们真正思考过怎样能让每个学生安心学习，这种事就不可能发生了。

我们部分谈论到了教学过程中的一个突出问题：教学时，老师的眼皮底下无时无刻不在发生那些“极端事件”和“没有恶意的恶作剧”，老师怎样做才能避免由此引发的倦怠？这些恶作剧虽是小事，几乎令人难以察觉，但如果时常发生，也会让人无法正常工作和生活。

6

一天只有 24 小时，时间从哪里来

“怎么能挤出时间？一天只有 24 小时啊。”一位来自克拉斯诺亚尔斯克市的老师这样问我。是的，时间不够是教育工作的灾难。老师不仅没时间处理学校事务，也无暇顾及自己的家庭。和所有人一样，教师要腾出时间照顾家庭，教育孩子。数据表明，许多中学毕业生都不敢去上师范院校，因为他们觉得当老师虽然有长假，但是没有闲暇时间。

我这里有一组有趣的数据。500 位自己的孩子已经考入大学的老师被问道：“您的孩子在哪所院校、哪个专业就读？”只有 14 位老师的回答是“师范院校”或“在读大学，未来想成为一名老师”。随后又被问：“您的儿子为什么不愿意当老师？”有 486 位老师回答：“因为孩子亲眼看到教师工作有多么不易，完全没有自己的时间。”

那么，老师应当如何从工作中挤出时间来呢？常常有人提出这样伤脑筋的问题。实际上常常是，在中学工作的语文老师、数学老师一天在学校工作 3—4 小时之后，还要再花不少于 5—6 小时来备课和批改作业。此外，他还要花 2 小时处理课外事务。

如何解决老师时间不够的问题？这是学校生活的全盘问题中的一个问题，同学生的智力发展问题一样，它的解决取决于学校所做的一切工作。

主要问题在于教育工作的方式和性质。一位在学校工作了 33 年的历史老师举行了题为“苏维埃青年的道德理想”公开课，出席此次公开课的有区研讨会的与会人员及督导老师。公开课进行得非常成功。在场的老师和督导员一开始想在听课过程中做记录，然后提出批评意见，最后却忘记了做记录。他们屏住呼吸，仔细聆听，像学生一样全神贯注。

课后一位邻校的老师问：“您全心全意对待学生，上课激情澎湃。请问您备这堂课花了多长时间？大概不止 1 个小时吧？”这位老师回答说：“我一辈子都在备这堂课，我的每节课我都花一生来备。但今天这个主题我有针对性地准备了 15 分钟左右。”

这一答案揭开了教育技能的奥秘之一。像这位历史老师这样的老师，在我所在的区里我知道的只有 30 位左右。他们并不抱怨没有时间。他们每个人都会说，自己的每堂课都花了一生在备。

这种备课方式的关键在于什么？在于阅读，在于每天阅读，与书终生为友。这种阅读就好比川流不息的思想之河汇入大海。如果您想有更多的时间，想让自己的备课不是单调乏味地看教材，那就读一读学术文献吧。有必要让您所教授科目的教材变成您的入门知识，使得教材上的知识只是您所传授给学生的科学知识海洋中的一滴水。这样，备课就不会再花您好几个小时了。

优秀教师对自我教育技能的完善，正是依靠坚持不懈地阅读来不断填充知识的海洋才实现的。如果一名教师在教学的最初几年，其知识储备是要给学生传授的至少 10 倍，那么等他工作 15—20 年后，就会变成 20 倍、30 倍，甚至 50 倍。这一切都得益于阅读。教材会随着时间的推移变成教师知识海洋中越来越小的一滴水。这并不只是因为教师理论知识在量上的增长，而是因为量变会引起质变：正如一小束光在明亮的光流中一样，教材被比照的背景越宽广，构成教师教育技能基础的专业素养就越凸显，这种专业素养就是教师在课堂上分配自身注意力的能力。例如，老师在课上讲解三角函数，但他的主要注意力并不在函数上，而是在学生身上：他观察每个学生如何学习，个别学生在理解、思考、记忆上有什么困难。课堂上老师不仅在传授知识，而且在启迪学生的智慧。

教师的时间管理问题同教学过程中其他一系列因素和方面密切相关。教育工作和教育创造中的时间分配好比供给大河的小溪，如何让这条小溪永葆生机，川流不息，我在下文给出几条建议。

7

教师的时间管理及各教学阶段间的相关性

这条建议主要针对低年级教师。亲爱的同人，您作为小学教师的工作方式决定了中高年级教师的时间分配。如果仔细研究第二（四年级至八年级）、第三（九年级至十年级）阶段[1]的教学过程，就可以发现，教师时间的无情杀手是毫无止境又毫无成效的“帮带后进”：老师还没来得及讲完新材料，就有部分学生没有掌握，老师接下来与其说是要去考虑怎么带领学生们在求知的路上前行，不如说是如何消除班里的后进现象（有时，这部分学生非常多，以至于老师不得不给几乎整个班的学生补课）。这会浪费老师大量的时间。

教学过程会被看似不可避免的工作——帮助许多后进生而拖累，这为何会常常发生?

在此，我想建议低年级教师：

亲爱的同人们，请记住，中高年级教师的时间分配都取决于你们，您是教学教育过程中首创精神的创造者。小学所面临的诸多重要任务中，首要任务就是教会孩子学习。您的一项主要任务就是明确学生所掌握的理论知识量同实际能力之间的比例关系。

---

1. 在十年一贯制的中学，小学（一至三年级）被看作第一阶段。

请记住，中高年级学生跟不上主要是不会学习导致的。当然，您应关心孩子的整体发展是否处于很高的水平，但首先要教会孩子很好地读和写。如果孩子不能流畅地、有意识地、声情并茂地阅读、领悟所读内容，不能流畅并准确无误地书写，他们到中高年级的学习就不可能顺利了。如果学生学习过程顺利，老师就不用非得无止境地帮助后进生。要教会低年级学生在阅读的时候思考和在思考的时候阅读。学生的阅读能力应达到很高的自动化水平，这样，他们通过视觉和意识的接受能力就要远远超过声音。视觉和意识的接受速度越快，学生在阅读时进行思考的能力就越强，这一能力正是他们高效学习和整体智力发展的重要条件。我坚信，学生在中高年级能否富有成效地学习，首先取决于他能否有意识地阅读——在阅读的时候思考，在思考的时候阅读。因此，低年级老师需要仔细研究如何发展每一位学生的这一能力。30 年的教学经验使我相信，学生的智力发展取决于他的阅读能力。善于在阅读时思考的学生比不具备这一看似简单的能力、不能流畅阅读的学生会更快、更好地胜任任何一份工作。他在智力学习中不会死记硬背。他对教材和其他书籍的阅读效果跟不会同时阅读和思考的学生完全不同。阅读完，他会对阅读内容整体和各部分间的相关性进行思考。

善于一边阅读一边思考的学生不会落伍，如果没有后进生，老师教起来也轻松。实践证明，如果阅读成为学生认识世界最重要的窗口，他就没有必要花很多时间额外补课。老师就有时间和个别学生进行单独谈话，这些谈话并不是持续很长时间的课堂，只是关于如何自主掌握知识，防止成绩不好和落后现象的指导和建议。

如果学生并不清楚自己落后的地方，自己需要哪些帮助，老师应该主动同学生单独进行谈话。

学生在中高年级能否富有成效地学习，还取决于他在低年级书写能力的流畅和自觉程度以及之后这一能力的发展状况。同阅读一样，书写也是一种工具，借助它学生可以习得知识。对这一工具的掌握水平决定了学生的学习成绩以及时间安排的合理性程度。在此，建议低年级教师：请设立一个目标，让学生到四年级结束时其书写可以达到流畅的、半自动化水平。只有这样，他才能有效学习，无须不断摆脱落后状态。要努力教学生在思考的时候书写，教他们无意识地书写字母、音节和单词。此外，您要树立更具体的目标：学生在您讲解东西时，能够一边听，一边深入思考您讲的内容，同时还能简要记下自己的思考。三年级就要教会学生这一能力。如果能达到这一目标，请您相信：您的学生永远也不会落后，不会成绩不好。他们在获取知识的同时，也节省了中高年级老师的时间，保护了他们的健康。

8

学生对基础知识的记忆

30 年的工作经验让我领悟到教育中的一条特殊规律：中高年级一些学生学习落后、成绩不好，主要是因为他们在低年级阶段并没有牢记那些看似是基础知识的常识。试想，一座整齐美观的大楼，地基并不是非常坚固，水泥和石块总是脱落，住在里面的人日日都在修补，一直生活在大楼随时坍塌的恐惧中。许多四年级至十年级[1]的语文和数学老师就处于类似的状况：他们在建造大楼，但大楼的地基却不牢固。

小学老师最重要的任务就是给学生打下坚固的知识基础，这个基础要非常牢固，这样，之后教他的老师完全不必考虑学生的基础问题。您准备教一年级学生，要把四年级的教学大纲拿过来，首先要拿语文和数学大纲，以及五年级的数学大纲。从一些读物中选取历史、自然、地理的相关材料并拿来这些科目的四年级大纲。把这些材料汇总在一起进行对比。想一想三年级的学生该掌握哪些知识，以使其在四年级可以高效学习，四年级的学生该掌握哪些知识，才能让他到五年级时可以高效学习。

首先，要关注学生的基本文法。俄语里有 2000—2500 个常用词，这些词构

---

1. 苏联学校的一至三年级为低年级（相当于小学），四至八年级为中年级（相当于初中），九至十年级为高年级（相当于高中）。

成了整个知识和文法的骨架。经验表明，如果孩子在小学阶段牢牢记住了这些单词，他就会成为文理通顺的人。但问题并不仅在于文理通顺。小学阶段所习得的基本词汇会成为中高年级掌握知识的工具。

教低年级孩子时，我总是列一个常见词汇表。这是一个特别的基本文法大纲。我这样来分配这 2500 个单词：让学生每天学习 3 个单词。让学生把这 3 个单词记在练习本上，并记住。每天的单词学习只需要花几分钟。孩童时期的记忆力十分敏锐，如果善于管理记忆，不让记忆负担过重，它就会成为学生的得力助手。学生在早期所记住的东西永不会忘记。这里所说的“记忆管理技巧”在于以下几点：每天第一节课前，我会在黑板上写下今天的 3 个单词，比如，степь（草原）、тепло（温暖）、шелестеть（沙沙作响）。学生走进教室后，就能立马将这些单词记到自己的词汇表上，会这样记录 3 年。学生在思考这些单词的含义时，会在单词旁边写几个同根词。所有这些只需要花三四分钟。学生会慢慢习惯词汇的学习。

接下来的教学活动就带有了游戏的性质，其中具有自我教育和自我检测的成分。我对孩子们讲：“大家在回家路上回忆一下我们今天所记的 3 个单词，想一下它们怎么写。明天早上醒来以后，再迅速回忆这些单词的写法，然后写在练习本（这里的练习本是硬壳厚笔记本，类似生词本）上。”如果这样的游戏从一年级开始，如果教师相信这件事有成效，如果教师爱学生，如果他的人生中从来没有因为学生而产生厌烦的时刻，那就没有对这个游戏不感兴趣的学生。

每堂课上，老师都会针对这些词汇进行各种各样的练习，以使学生所记住的单词能够得到系统复习和应用。我认为，非常重要的一项练习是对 400 个修辞短语的记忆，我相信，修辞短语也是一个人语言素养的基础。低年级阶段，学生要牢记那些在日常言语交际中容易出错的修辞短语。

再次强调：游戏元素在教学中发挥着重要作用。我手头有 600 个“童话”单词，即这些单词常出现在童话中。小学4 年学习期间[1]，我和孩子们画了几十幅

---

1. 苏联小学在 1970 年以后改为三年制，作者有时指改革以前的小学，即四年制。

童话画，我们在画的下方写上说明，其中就用到了这 600 个单词。这是巩固学生最低词汇量的有效方法。

学生在低年级阶段学习数学时要识记一些运算法则，这些运算因为经常出现，似乎都变成了规律。它们太常见，以至于每次在这些运算上思考完全是浪费时间。这不仅包括乘法表，而且有 1000 以内加减乘除中的最常见情形。我考虑到中高年级的学生智力运用不应充斥千篇一律的运算，这样他们才有更多的脑力来进行创造性学习。

当然，学生的整个学习过程都建立在自觉掌握学习内容的基础上，但不能不考虑到，不是所有东西都可以解释清楚的。我努力使学生把有意注意、有意记忆同无意注意、无意记忆结合起来。

9

“两套教学大纲”与学生的思维发展

老师的时间不够，首先是因为学生学习吃力。多年来，我一直在思考如何给学生减负。作为知识根基的记忆能力只是问题的开始，对知识的牢记和储存才是问题的继续。在此，我建议每一位老师：在给学生分析知识点时，着重画出学生应该牢记的地方。老师能够在教学大纲中正确判定知识的“交汇点”是非常重要的，学生对这些交汇点掌握的牢固程度决定了他的思维发展、智力发展及对知识的运用能力。这些“交汇点”是反映事物特性的重要结论、概括、公式、规则、定理和规律。有经验的老师会教学生对需要牢记的内容作专门记录。

需要记忆的材料越复杂，结论、规则越多，在学习过程中建立“智力背景”就越有必要。换言之，要牢记这些公式、规则、结论以及其他的概括性知识，学生要对许多不需要记忆的材料进行阅读和思考。阅读应同学习密切相关。如果阅读是对事实、现象等需要记忆的概括性知识的深化，那么这样的阅读就有助于记忆。这种阅读就是在建立材料的学习与记忆所需的“智力背景”，学生仅出于对材料的兴趣而去阅读的热情越高涨，求知、思考、领悟的愿望越强烈，对必须牢记的材料记起来就越轻松。

鉴于这一重要的规律，我在工作中经常有“两套教学大纲”：第一套是学生必须识记的材料，第二套是课外阅读以及其他信息来源。

物理是一门最不容易牢记的课程，特别是六年级至八年级的物理。这一阶段的教学大纲包含了许多概念。在教授这门课的 6 年间，我总是尽量使课外阅读材料与每个需要掌握的概念有关。学生在当下要学习的概念越复杂，他所阅读的书应当越有趣。教学生电流时，我专门列出一份学生课外需阅读的书目，其中包含了 55 本关于自然现象的小书，这些书主要介绍了物质各种各样的电气特性。

学生的热情变得十分高涨，思维变得活跃。他们不断向我提问：是什么？为什么？怎么样？在所有问题中，将近 80% 都是以“为什么”开头的。孩子们有许多不懂的地方。学生对周围世界不懂的地方越多，求知欲就表现得越明显，对知识的理解力就越敏锐。孩子们几乎对我所讲解的内容一学就会。第一次讲解自由电子流概念时，针对这个复杂的物理现象，学生们提出了许多问题。对这些问题的回答似乎填补了学生基于阅读和之前所获取的信息而形成的世界图景中的空白。

我教过 3 年高年级的生物课，这门课程有大量难以理解、更难以记忆的理论概念。当学生开始学习第一批概念“生命”“生命物质”“遗传”“新陈代谢”“有机体”时，我从学术期刊及科普杂志、书籍、手册上给他们挑选了专门的材料。“第二教学大纲”涵盖了对这类科普手册、书籍和文章的阅读，对这类读物的阅读激发了学生对一系列复杂科学问题的热情，他们因此产生了对新书的阅读兴趣。学习生物的学生对自然现象，尤其是对各种新陈代谢形式兴趣高涨。他们提出的问题越多，对知识领悟得就越深入。最后考试时，没有一个人的分数低于 4 分。

建议所有老师都为学生牢记大纲材料建立智力背景。只有当学生思考的时候，他们才能牢固掌握知识。想一想，如何让学生正在或很快将在课堂上学习的东西成为他们观察、思考和分析的对象？

10

对“困难生”的教育

教育工作中最难啃的“硬骨头”就是对“困难生”的教育，或许，没有老师不认同这点。在学习内容的思考和记忆方面，困难生要比班里的绝大多数同学多花 3 到 5 倍时间；他们往往在第二天就忘记所学内容，两三周以后就需要做加强记忆练习，而不是三四周以后。

30 多年的教育工作使我相信，对于这类学生而言，上文中所谈到的“第二教学大纲”就可以发挥关键作用。将这类学生的学习范围局限在必学内容是极为有害的，这些内容会让他们变得迟钝，使其养成死记硬背的不良习惯。我尝试过许多方法来帮这些学生减轻脑力劳动负担，最后发现：最有效的方法是帮学生扩大阅读范围。“困难生”确实需要大量阅读。在教授三年级至八年级时，我总是帮助每一位困难生挑选适合他阅读的图书和文章，这些阅读材料能够以最浅显易懂、引人入胜的方式来揭示一些概念、结论的内涵。阅读这些材料时，这些学生心中就会产生越来越多的关于周围事物和现象的疑虑，他们就会带着这些问题来找我，这是“困难生”智力教育中一项非常重要的条件。

在“困难生”所阅读的、每天所碰到的东西中，应当有时不时能够让他惊奇、令他兴奋的东西。在教育“困难生”时，我总是坚持这一原则，这也是我对所有教师提的建议。人的兴奋点可以使其大脑皮层的神经细胞摆脱倦怠、惰性和萎靡不振，正如体育锻炼可以治好肌肉萎缩一样。当孩童的面前出现的是让他惊喜、兴奋的事物时，我们很难说清楚他的大脑里发生了什么。但无数研究表明，人在惊喜、兴奋时，会产生某种有力的刺激因素，它会唤醒大脑，激发它去努力工作。

我永远不会忘记小费佳，我教了他 5 年 ——从三年级至七年级。他学习中的困难是算术题和乘法表。我认为，费佳的困难仅仅是来不及记住运算题的已知条件，他的意识中还没有形成作为已知条件的对象、事物和现象，心里就想着去做下一步，却把前面的条件忘记了。其他班里也有和费佳有点像的孩子，虽然总体上不多。我给这些学生专门做了一个习题集，共包含选自民间教育学的 200 道题，每道题目都是一个有趣的故事。大多数题不需要运算，要解出这些题首先要去思考。以下是我编的“粗心大意学生习题集”中的两道。

（1）有三位牧羊人，由于酷暑难耐躺在大树下休息，并且睡着了。有一个调皮的小牧童用橡树做的黑笔把牧羊人的额头涂黑了。三位牧羊人醒来后，开始大笑。但每个人都以为其他两个人在互相嘲笑彼此。突然，其中一个牧羊人不再笑了，他猜到了他的额头也被涂黑了。这位牧羊人是如何猜到的？

（2）古时候，在广袤的乌克兰大草原上坐落着两个相隔不远的村庄：真话村庄和谎言村庄。真话村庄的居民只讲真话，谎言村庄的居民总是撒谎。如果你们突然可以穿越回古代，来到其中的一个村庄，你们可以通过向所遇见的第一个村民提问来判定自己来到的是哪个村庄。那么，你们应该向他提什么样的问题？

起初，我们只是把题目当小故事来读，就像是读关于小鸟、昆虫和植物的故事一样。没过多久，费佳就意识到，这些故事是一个个习题。小男孩认真思考了最容易的一道题，在我的帮助下解出了它。令他十分惊讶的是，自己竟然能这么轻而易举地解出题来。“也就是说，这些题都可以这样解出来吗？”费佳问道。他整天手不释卷，每道题都顺利解出。他把这些解出来的题誊写在专门准备的硬壳厚笔记本上，并在文字旁画出了题中的动物和植物。

我给费佳专门创建了一个小型图书馆，其中有将近100本图书和手册，这些书他从三年级读到了七年级。之后还创建了另一个图书馆（将近200册书），这些书除了费佳会阅读，还有另外3个学生也使用了2年。一些图书和手册与课堂上学的东西直接相关，还有一些书并没有直接关系，我认为，阅读这类书是锻炼智力的一种独特方式。

费佳在五年级时就已经赶上班里其他同学了，他开始和其他同学解一样的算术题。六年级时，费佳突然对物理产生了兴趣，并成为小小设计师兴趣小组的积极分子。创造性劳动越能引起他的兴趣，他就阅读得越多。后来他在阅读中，特别是阅读与历史、文学相关的书籍时碰到困难，每个困难都是通过阅读化解的。

七年级毕业后，费佳考上了技校，成为一名高级专业人才——车间调试专家。

我从未给这名学生以及同类学生额外补课，以使他们记住课上没能掌握的东西。我教学生阅读和思考。阅读能够激发、唤醒人的思维。

请记住，孩子在学习过程中遇到的困难越大，无法克服的困难越多，他就越需要广泛阅读。阅读教会他思考，思考能够激发他的智力。书籍以及被书籍唤醒的活跃思维是预防死记硬背的有效手段，而死记硬背是让人智力迟钝的罪魁祸首。学生思考得越多，对周围世界认识得越多，对知识的领悟能力就越强，作为教师的您在工作时就会越轻松。

11

知识既是目的，也是手段

我深信，孩子在学习上碰到困难的一个原因就是他们所学的知识常常变成“死知识”，知识得不到应用（首先是用以获取新知识），像应急货物一样不断积压，不被投入使用。在实际培养中，对许多老师而言，学生“知道”意味着能回答出老师所提的问题。老师持这样的观点会导致他们对学生的智力及才能形成片面评价：那些善于记忆知识并按要求把知识“和盘托出”的学生就被认为是有能力的，是掌握了知识的。这会导致什么结果呢？结果就是，学生所学的知识似乎远离了他们的精神生活，远离了他们的智力兴趣。对他们而言，掌握知识变成了沉重的负担，成为让人厌倦的事情，于是想极力摆脱。

教师首先要改变对“知识”“知道”等概念实质的看法。“知道”意味着会运用知识。只有当知识成为学生精神生活中的元素，能够启发他的思维，激发他的兴趣时，我们才能说，学生掌握了知识。知识的活力和生命力是知识能够不断完善和深化的决定性条件。只有当知识在不断完善和深化时，知识才是活的。只有当知识在完善时，才会实现：学生掌握的知识越多，他学起来才会越轻松。遗憾的是，事实常常相反：学生学习得一年比一年吃力。

基于以上事实，可以给出哪些具有可操作性的建议呢？

教师要努力不使知识变成学生学习的最终目的，而使其成为一种手段，这样，所学的东西才不会变成死知识，而是被用在学生的智力学习中，用于集体的精神生活中，用于同学关系中，用于同他人不断交流精神财富的过程中。若没有这一交流，个体将无法真正获得智力、道德、情感和审美上的发展。

那么，应当如何践行这一点呢？

对于低年级学生而言，学习起步阶段最重要的知识要素是“词语”，确切地说，是用词语表达的现实世界，这些词能够向孩童展现他入学前完全不了解的新世界。在我看来，孩童通过词语来感知世界时，就能在攀登知识的阶梯中迈出最初的几大步。让词语活跃、闪耀在孩童的意识中，使词语变成孩童掌握知识的工具是非常重要的。如果您不想让学生所学的东西变成沉积的死知识，就让词语成为培养学生创造力的重要工具之一吧。

在有经验的教师的实际工作中，这一教育理念体现在：在学生的脑力劳动中，位于首位的不是死记硬背，不是背诵他人的思想，而是学生作为个体的独立思考，学生如何借助词来认识周围的事物和现象，并借此机会来认识这些词所表达的最细微的色彩。

秋天，我和孩子们来到花园。这一天是“秋老虎”，阳光明媚，照耀着一动也不动、色彩斑斓的苹果树、梨树和樱桃树。我给孩子们讲“金秋”，讲树木、昆虫、埋藏在地下的种子、在俄罗斯过冬的鸟儿等自然万物如何应对漫长寒冷的冬季。在确保孩子们体验、感受到一些词和词组的丰富内涵及情感色彩后，我提议让他们讲述他们看到的和感受到的。于是，孩子们就用欢快又细腻的惊人思维描写了大自然：“有一群白天鹅消失在了湛蓝的天空中……”“啄木鸟哧哧地啄着树皮……”“路边开着一枝孤独的洋甘菊……”“一只鹳鸟呆立在巢中，望向远方……”“一只蝴蝶落在一朵菊花上晒太阳……”孩子们并没有转述我的话，而是用自己的话来表达。他们的思维活跃、丰富起来，思考能力慢慢形成。孩子们从思考和认知中体验到了前所未有的快乐和享受，他们感觉自己是个小小的思想家。

你们是否曾发现（或从其他老师那里听说），孩子对老师的话漠不关心、无动于衷。您给他讲一些有趣的东西，他的眼神却暗淡无光，把您的话当作耳旁风。这种情况值得担心，因为学生对老师话语的漠然和麻木态度是学习中的灾难。倘若这种灾难根深蒂固，人就会脱离学习活动了。

这种灾难为何存在？根源何在？

孩子对老师的话麻木不仁、无动于衷，是因为老师的话没有作为一种创造性力量走入孩子的内心，因为孩子只死记硬背别人的思想，并没有创造、表达自己的思想。老师要害怕学生的冷漠，要畏惧学生暗淡无光的眼神！请教会孩子积极、热情地聆听老师的话语吧！

12

关于知识的获取

关于学生脑力劳动的积极性问题常有论述，但对这里的“积极性”可以有不同理解。学生能够踊跃回答老师的问题，背诵老师所读的东西，牢记老师所讲的内容，这是一种积极性，但这种积极性未必会促进学生的智力发展。教师应当努力激发学生的思维，努力让学生通过运用知识来发展知识。

教师在教学中要让学生通过现有知识来获取新知识。在我看来，这是教师教学技能的最高体现。在旁听和分析其他老师的课堂时，我正是根据课堂上学生获取知识的途径来对这些老师的教学技能做出评定的。

如何使学习成为一项获取知识的思维活动？在这个过程中，最重要的是什么？

获取知识意味着揭示真理，找到答案。教师要力求让学生能够发现和感受到不懂之处，能够提出问题。如果您能做到这点，那您就成功了一半。

但要做到这点并不容易。您在备课时，需要从以下角度来审视：找到学生乍一看不容易察觉的交汇点，这些点通常是因果关系的聚焦处，从这些因果关系中往往可以提出问题，这些问题又可以激发学生的求知欲。

例如，我要对“光合作用”进行备课，给学生讲解植物的绿叶中发生了什么。光合作用的一切相关知识都可以从学理性方面进行阐释，但我们的教学目标并没有达成：没有激活学生在智力上的积极性。我认真琢磨了下教材：这里因果关系的交汇点在哪里？主要在无机物向有机物的转化。植物从土壤和大气中吸收无机物，并在复杂的机体内将其转化为有机物。这一制造有机物的过程是什么？植物机体这一极为复杂的实验室里发生了什么？植物机体如何在阳光下将矿物肥料中的腐烂物质变成鲜美多汁的番茄和芳香沁鼻的玫瑰？

讲解时，我引导学生去关注这些问题，使他们产生疑问：我每天亲眼见到这一现象，却没有思考过它，这是为什么呢？

如何引导学生提出问题呢？

要做到这点，就要清楚哪些内容是课上要讲的，哪些是需要保留的。保留的内容就好比激发学生思考的“诱饵”。这里没有万能的方案，一切都取决于具体教学内容和学生的现有知识。同样的教学材料，有的班需要保留的是这部分内容，而另一个班需要保留另一部分内容。

这样，学生就产生问题意识了。

接下来，我努力引导学生从已有知识储备中提取回答这一问题所需的知识，这些已有知识源自之前生物课所学、劳动过程中的习得以及从阅读中的获得。这就是对学生通过现有知识来回答问题的思维引导过程，也就是知识的获取过程。这里无须叫学生一个个地来回答问题，听谁说了什么，然后从各种各样的回答中寻求统一答案。这种方法表面上看可以让学生活跃起来，但并不总是能激发每一位学生的思维：一些学生在回想、作答，另外一些学生只是在听着。我想让所有学生都思考，让所有人绞尽脑汁。因此，我常常这样安排：引导学生思考时，我自己讲解材料，不叫学生来单独回答局部的（细小）问题。

要让学生通过思考来获取知识，老师要很清楚学生现有的知识水平。一些学生能够牢记所学知识，一些学生会遗忘。因此，我就需要成为学生脑力劳动的导师，让每一位学生在仔细聆听的同时，能够通过自己的路径，从记忆库中提取里面所储存的知识。如果记忆库中的一些地方存在空白，学生的思维出现断裂，我就来填补这些空白，消除学生思维的断裂处。但这需要极其高超的艺术和技能。我探索过一些对所学知识再次进行讲解的方式，让最拔尖的学生也能从中学到新的知识。如果学生的知识储备中没有空缺和断裂处，我就简单讲解。这样，课堂就不是表面上的活跃。学生安静地聆听，无须回答问题和相互补充，但这就是对知识的获取过程。这种知识获取的方式我称为“学生思维的畅游”，是学生对知识库的“探索”。

13

引导学生从具体事实走向抽象真理

您会碰到以下现象：学生牢牢记住了各种规则、规律、公式、结论，但不会使用，他并没有理解所记东西的本质。这种不良现象常常出现在学生的语法、算术、代数、几何、物理、化学等课程学习过程中，这些课程的学习内容常常是概括性的知识体系，对相关知识的掌握首先要求的是，能将这些概括性的知识运用到实际工作中去。

我经常听到老师们抱怨：学生还没有理解知识就在死记硬背。但学生为什么会死记硬背？为了杜绝这一不良习惯，老师需要做些什么？

记忆（熟记）应建立在理解的基础上。老师要引导学生通过对诸多事实、客体、事物、现象的认识、理解和领会来实现记忆，不要让学生去背诵尚未理解和领悟的东西。从对具体事实、事物、现象的认识走向对抽象真理（规则、公式、规律、结论）的深入理解，需要通过实际工作来掌握知识。

有经验的老师会教学生在领悟知识的过程中——对事实、事物、现象的深入理解中进行记忆。比如，学生要学习俄语硬音符号的使用规范。老师通过分析各种实例——对有硬音符号的单词进行拆分、讲解这类单词的书写——来引导学生识记并有意识地运用规则。实际上，这条真理被学生在越来越多的实例中理解，他们慢慢会觉得自己正在掌握概括性的真理。这条真理对许多单词都适用，它就被当成一条规则。这条规则因为得到多次理解而被记住。

有经验的老师在教学生时，学生无须专门记忆一些规则、结论，因为学生对事实的领悟过程也是对概括性规律的逐步记忆过程。理解和记忆越统一，学生自觉学习的知识就越多，学生学以致用的能力就越强。学生学以致用的能力总体上取决于他们通过何种途径实现对知识的记忆。如果学生未对事实、现象进行认识、分析就去记忆知识，他们就不会运用知识。

这是教育过程中的一条重要规律。基于多年的工作经验，我得出结论：如果学生在小学阶段就能从对事实、现象的认识中归纳出抽象真理，那他就掌握了智力学习中非常重要的一点——善于内在领悟一系列相互关联的事物、客体、事实、情形、现象、事件等，换言之，他能够对因果关系、从属关系、时间关系进行思考。通过对大量事实的分析，我发现，学生（特别是四年级、五年级的学生）对算术题已知条件的思考能力取决于他对抽象的概括性规律的领悟程度。那些不会思考题目条件，厘不清各个数值间关系的学生，往往都没有经过对足够事实的领会就去记忆抽象规律。相反，如果在脑力劳动中，学生能将对抽象真理的记忆建立在对事实的深入理解基础上，如果他不用背诵就能记住，他就能透过算术题中各个数字的组合看到各个数值之间的相关性。解题时，他会一边阅读已知条件，一边思考，一开始就不受数值的干扰，无须具体运算就能从整体上解出题目。

大量的事实及无数学生的学习经历使我相信，学生在算术上落后（之后在代数上落后）是学生脑力劳动中存在不易察觉的缺陷导致的结果。学科与学科之间的关联性经常被探讨，每位老师都清楚，要在自己的课程中寻求与其他课程的结合点。但跨学科联系的本质不在于此。我坚信，跨学科最深入的联系与其说在于教学的内容，不如说在于脑力劳动的特点。如果学生的脑力劳动基于科学，那么他对数学的学习有助于他掌握历史知识，历史知识又会促进他数学能力的发展。

众所周知，对许多低年级教师及语言文学教师而言，其教学的困难在于让学生有意识地掌握语法规则。对学校而言，相当一部分学生文理不通是很糟糕的事情。我了解到以下实际情况：学生在初次学习俄语相关材料时，并不能牢牢掌握“раз-”“без-”“рас-”“бес-”等前缀的使用规范，他们经常在使用这些前缀时犯错。为了消除学生的学习问题，老师会时不时地给他们布置一些针对这一规则的练习。老师教导大家：一开始要好好复习规则，然后再做练习。老师的教导看似应有良好的效果，但实际上并非如此：十年级学生还会在考试作文中犯这样的错误：разцветает、расбежался。

这是为什么呢？造成这种怪象的原因何在？多年的教学经验让我得出以下结论：在掌握知识的过程中，学生对知识的运用能力取决于学生对事实的领悟程度。这种相关性在学习语法时体现得最为明显。这里，具有决定意义的是对抽象真理、概括性规律（语法规则）的初次学习。不要让学生在初次学习材料时就犯许多错误，同时要让学生牢记语法规则并且能够准确地说出规则，这一任务并没有看起来那么简单。

14
初次学习新内容

学生学习落后、成绩不好的根源之一就是初次学习未能彻底掌握材料。

当我在谈论初次学习材料时，我指的是什么？这一术语是否准确？我认为是准确的。因为知识在不断更新发展，对材料的学习需要一直持续，每次对知识的运用也是对知识的深化和发展。初次学习材料是从未知走向已知，是了解事实、现象、性质、特点和本质的重要基础。

学生在许多课上都会用到简易乘法口诀。我相信，学生在学习乘法口诀的第一节课上对口诀领悟得有多深，决定了之后学习的许多方面：首先决定了这一口诀是否能够随时用以获取新知识，换言之，决定了学生对接下来许多新概念、新真理的初次学习。一个重要的规律就是：学生头脑中对学习材料模棱两可、肤浅表面的认知越少，他害怕落下的思想负担就越轻，对新材料初次学习的思想准备就越充分，课堂上的智力劳动就越有成效。

学生初次学习材料的课堂应是特殊的，其特殊之处在于学生要对所学材料非常清晰，学生自主完成脑力劳动的成效具有重要意义。老师要努力做到，学生在初次学习材料时，能看到每一位学生脑力劳动的成果。非常重要的是，您要看到“困难生”独立完成的作业。这类学生通常思考得比较慢，领悟能力也弱，他们对材料的领悟需要更多的实例与时间（通常，为了便于他们领悟，老师所给的实例也和给班里大部分学生的不一样）。

有经验的老师在初次学习材料的课上努力去观察学生们如何自主完成作业。这些课上，学生一定要有需独立完成的作业，在做作业的过程中，学生会领会事实，并且实现对抽象真理的掌握（这里讲的是理科类课程，但也包括语法课）。

极为重要的是，学生对事实理解的过程就包含了对知识进行运用的成分。初次学习新材料时，教师还应针对“困难生”开展专门工作。老师应走到他们跟前，发现每个人的困难，给每个人布置指定好的练习。有时，您会发现，某个学生需要单独布置作业，有经验的老师通常就会在课上给他布置。成绩不好的学生智力劳动的成效首先取决于他在初次学习材料时，即在课堂上，他学习的规律性和条理性如何；不要让他只听别人正确的回答，只从黑板上抄答案，要让他独立思考，并且耐心、委婉地督促他在每节课都能获得哪怕一点点进步。

教语法时，我常常努力确保学生不在初次学习材料的课上及课后所写的笔头练习中出错。这听起来有点离谱，但这是事实：学生如果在课上一点错都不出，那他语法会掌握得更好。如果学生在课上不犯错，那在他的家庭作业里也不会有错误（或者错误不多）。语文老师工作上的一大困难就是学生在课上犯的错还会在作业里出现，老师的失策之处在于没有确保学生在课上不出错。

那么，如何确保学生在笔头作业中不出错，并由此打下坚实的基础呢？这取决于诸多因素，或许，首先取决于学生阅读的流畅程度。学生要准确无误、文法正确地书写，他要先能流畅地阅读。此外，还取决于其他相关因素，课堂的结构、课堂所采用的教学方法及手段等。在备语法课时，我会努力预估学生在哪个单词上会出错，具体哪个学生会犯这样的错。准备时，我不会留下任何一个“模棱两可”的单词。

在此，我建议：不要让学生在初次学习材料时，肤浅地理解各种事实、现象、规律，不要让学生在初次学习语法规则时就出错，初次学习数学规则时就做错例题、解错习题等。

15

理解新学内容是课堂的一个环节[1]

或许，每位老师都会碰到这种情况：昨天课堂上大家对规则（定义、定律、公式）都理解得很好，回答得也很好，并能举出实例；但今天班里相当一部分同学对所学的东西感到模糊不清，甚至有些人已经忘了所学内容。许多学生在做家庭作业时也碰到了很大困难，课上并没有出现这样的困难。

理解并不意味着知道，理解还不等于知道。要让知识牢固，必须弄清楚它。

理解意味着什么？意味着学生对所学的东西进行思考，检验他对材料领悟的准确程度，并尝试将所学知识用于实践。

我举个例子。学生在几何课上对三角函数有了初步的概念。老师给出函数关系正弦和余弦的定义，所学材料并不难，所有人好像立马就懂了。但懂了还不等于牢牢掌握。老师在讲解之后还会留时间给学生来思考所学内容。学生打开草稿本，画出直角三角形，记下老师讲的所有内容，复习正弦和余弦的定义，举例说明函数关系。在这里，复习知识与对知识的首次运用基本同时进行。实际上，许多学生在自我检测时，并不能复现老师的讲解过程。他们觉得是自己忘了讲解中的某个环节，所以就去查课本，而不是先努力自己回想。

1. 这一节所说的，有“当堂巩固”的意思。

对于学习吃力的困难生而言，专门搞清新学内容这一步骤很有必要。有经验的老师会特别注意让困难生在新学内容的“衔接点”上下功夫，这些“点”本质上是因果联系的交汇处，是知识的根基。多年的经验使我相信，困难生知识掌握不牢的根源在于，他们没有看到并理解一些事实、现象、真理、规律的衔接处，这些地方常常存在因果联系、从属关系、时间关系以及其他逻辑关系。正是这些衔接点需要让学习吃力的学生特别去关注。

以我给学生讲解副动词短语为例。副动词短语中难以察觉的衔接点是：对于充当句子主要成分——谓语的动词而言，副动词似乎是句子的次要谓语。给学生时间理解新内容时，我会请困难生特别关注一点：用副动词造句时，他应指出由同一主体发出的两个动作，一个动作是起主导作用的主要行为，另一个是处于从属地位的次要行为。学生在造句时就会思考实际发出的动作。

无论课堂上所学的材料理论性有多强，我们总是能找到实践机会来更好地掌握这些材料。历史和文学课上，要搞清新学的材料，常常需要寻求材料中的因果联系和意义联系。例如，老师给学生讲解了俄国1861年农奴制改革。要使学生弄清楚新学的内容（需5—7分钟），老师提出以下问题：如果沙皇政府不解放农奴，俄国农业经济会朝哪个方向发展？1861年之前，俄国农业和工业发展间的关系是怎样的？农奴解放以后这一关系有何变化？1861年以后，继续阻碍俄国资本主义发展的因素是什么？为什么在1861年改革以后，俄国农业经济中的封建残余依然存在？把这些问题写在一张大纸上，老师讲解完把这张纸贴在黑板上。我相信，课堂最激动人心、最有趣的环节就开始了。学生会努力回忆之前学过的章节，在教材中寻找答案（需要指出的是，人文学科的教材首先是用于理解新学的内容的）。在我看来，这是学生学习过程中最有必要、最有益的环节，因为学生复习所学内容不是通过一股脑儿地读完所学材料这一方式。这种复习方法最有效，因为其本质就是思考。

因此，在每节课上，不要害怕花费很多时间来让学生掌握新内容，这样会有百倍回报。学生在理解新知识的过程中，脑力劳动越有成效，他完成家庭作业所需的时间就越少，下节课老师检查作业所需的时间就越少，老师就有越多的时间来讲解新内容。厘清这些相关性，您就能突破死循环：课上学习新材料的时间不够，是因为时间都用来检查学生的掌握情况了，检查学生掌握情况要花很多时间，是因为学生在学习新内容时没有学得足够好。

16

将课堂检查变成一种有效的脑力劳动[1]

多年以来，我一直担心检查学生作业时出现的不良状况：时间常常被白白浪费。每位教师面前都会出现似曾相识的画面：被叫起来的学生刚开始回答问题，其他人就开始做自己的事情，至多只有那些料到自己会被叫到的学生才会思考这一问题。我感到十分不安：检查作业时如何让所有学生都认真思考老师所提的问题？如何让老师的检查可以覆盖到全班同学？

此时，学生的草稿本十分有用。几何课上，所有人都等着老师检查作业。老师给大家布置了任务：推导出圆的面积公式；自编关于圆面积的习题并解出来；简要概括全等三角形的特征。所有学生都在草稿本上记下了这些练习。此时，草稿本代替了黑板，老师暂时不会叫人到黑板前来。他仔细观察每个学生的解题情况。如果老师需要判断某个学生对推导出公式理解的深入程度，他就让学生去解释，要做什么以及怎么做，等等。同时，没有必要叫学生到黑板前，每个学生都像被叫到黑板前一样认真解题。老师在学生完成任务的任何一个步骤都可以叫停全班同学或部分学生。

这种教学方式的优势首先在于，学生对知识的掌握情况无须通过背诵大家

1. 这里指教师在课堂上对学生课外作业情况的检查，不是指批阅家庭书面作业。

已经知道的内容来检查。老师有机会用简单的方式来获取学生对知识的掌握情况。同时，每位学生都在完全独立自主地完成练习。这里有两点非常重要：首先，对学生知识掌握情况检查的同时也是学生对知识积极运用的过程；其次，老师有机会仔细观察困难生的作业情况，照顾到每个人的力量和潜能。

在我们学校，三年级至十年级学生检查作业时会使用草稿本。现在，不通过这种方式，老师就无法对学生进行作业检查。经验使我相信，这样的检查方式使学生养成了简要表达自己思想的良好习惯，防止了学生死记硬背。死记硬背的学生永远无法在课上简明扼要地表达主要思想。我们检查作业的方式使学生习惯于在阅读、背诵的时候思考。

如果老师对学生概括性知识（规则、公式、定理、结论）掌握情况的检查是通过学生基于新事实对概括性知识的新理解，那么检查作业时学生脑力劳动的成效就会大大加强。通常，我们学校不会在刚开始上课时专门留出时间对低年级学生进行作业检查。对学生知识掌握情况的检查通常与学生对知识的深化、发展、运用结合在一起。例如，老师要检查学生对句子的主要成分和次要成分及二者的语法联系、主谓语的语法联系等概念的掌握情况。学生打开草稿本，老师布置了实操练习：用дорога（道路）进行造句，一个句子里дорога是一格，其余是间接格，确定主要成分和次要成分间的语法联系。对于那些快速完成任务的学生而言，老师还会布置附加任务：再造3个句子，分别带有1个动词谓语，2个及3个句子的同等谓语。学生在做这项实践性强的作业时，运用了所学知识并深化了对知识的理解。

不要让给学生打分沦为检查作业的唯一目的。要常常把对学生知识掌握情况的评定和其他目的——首先是对知识新的理解、发展与深化相结合。教师不要走极端——评价学生的每个回答和其所做的每份笔头作业——这会导致负面结果。至于为何会这样，需要专门谈论。

17

评价应有分量

对学生知识掌握情况的评定不应脱离整个教学过程。只有当师生关系建立在相互信任、充满善意的基础上时，教师的评价才能成为促进学生积极学习的动力。可以说，教师的评价是一种最巧妙的教育方法。根据学生对待老师所给评价的方式，可以准确无误地判断出他是如何看待老师，有多信任和尊重老师。就老师对学生知识掌握情况的评价，我想提几点建议。

第一，让评价少点，更有分量、更有意义一点。在漫长的教育生涯中，我几乎教过中学大纲规定的所有课程（绘图课除外），我从未根据学生在一节课上的回答（哪怕他回答了两三个，甚至更多的问题）对其做过评定。[1]我的评价通常涵盖学生在某个期间的学习情况，包括好几项评价：既有学生的回答（可能有好几个回答）以及同学对回答的补充、学生的笔头作业（不是很多）、学生的课外阅读情况，又有学生实践性质作业的完成情况等。在某个特定时间段，我会考查学生的知识掌握情况，他本人也能察觉到。时间到了，我会告诉学生："现在我要对你进行打分了。"下一个考查期到来时，学生们就会知道，谁也无法逃脱我的视野。有的老师可能会有疑问：难道要把所有评价内容都牢记于心

1. 苏联学校的做法，一般是教师提问学生，在学生回答后就当场给予评分。

吗？或许，有的老师很难记下跟学生脑力劳动有关的一切，但我一直认为这点非常重要。如果我们忘了本该放在心上的事，又怎么会做到将德育和智育相结合呢？

第二，如果学生受各种条件或情形的限制未能掌握知识，我从不会给他打不及格。没有什么会比学生觉得自己前途无望、一无所成更让他们感到压抑的了。垂头丧气、郁郁寡欢这类情绪会给学生的学习活动造成阴影，他的大脑如同生锈一般。只有积极乐观的情绪才是滋养思想、川流不息的小溪。压抑和不快会导致控制情绪脉冲和思想情感色彩的大脑皮层下中枢不再激发理性去劳作，相反，皮层下中枢会抑制理性的劳作。我常常努力让学生相信自己的力量。如果学生想获取知识，但又不会，教师就应当帮助他前进哪怕一小步，这一小步会成为学生思维的兴奋点，会让学生感受到求知的快乐。

永远都不要急于给学生打不及格。请记住，学生从所取得的成绩中获得快乐是激发其渴望积极向上的巨大精神力量。教师要努力让孩子的这种内在力量永不消退。如果这股力量消退了，任何的教育技巧都不会起作用。

第三，如果您发现学生掌握的知识是模棱两可的，学生对所学事物和现象的认识有不清楚的地方，那就不要做任何评价。我的每个班都有一些学生，我仔细研究过他们的精神状态，透过他们的眼神我可以判断出他们是否理解了我所提出的问题。如果学生的眼神告诉我，他还没有准备好，我就不对他的知识掌握情况进行评价。教师首先应当让学生掌握知识。

第四，避免提出一类问题：这类问题所需的回答完全是一字不差地重复老师所讲的内容或者是学生照着书本背熟的东西。教学中有一个很有趣的地方，我将此称为“对知识的转化”，它是指对知识逐步内在深化的过程，通过转化，学生每次在回顾之前所学内容时，都能从事实、现象、规律中发现一些新的东西，并研究、分析这类事实、现象、规律中新的层面、特点和特性。对知识的转化应是复习的基础。关于此，我想单独给出建议。

18

复习不应成为一件坏事

民间教育学认为，复习是学习之母。但这善良的母亲常常会变成可怕的继母，尤其当学生被迫要在一天或几天内完成需几周或几个月才能完成的任务时。比如，学生要复习在 10 节课、20 节课甚至更多节课上所学的内容。大量的复习内容让学生不堪重负，他们把所学东西都混淆了。因为学生在复习一门课程的同时还要学习其他课程。于是，正常的脑力劳动难以保障，学生感到疲惫不堪。

如何根据教育规律来安排学生复习？首先，我建议要考虑课程和具体所学内容的特点。比如，复习四年级物理教材中的几段内容和历史教材中的几段内容，远不是一回事。

有经验的教师在给学生安排物理、代数、几何、化学等课程的规则、定理、公式、结论等复习任务时，主要让学生去做一些应用题，其中包括做习题、画图形、绘图表等。此时，教师要注意让学生在完成一道应用题时需要掌握 2 到 3 个概括性结论。在这一过程中，常常会实现学生智力发展所需的知识转化，学生会在相互关联和相互依存关系中再次理解这些概括性规律。他们会从全新的、之前未知的角度去观察事实、客体和对象。例如，数学老师给学生布置了一系列复习用的练习，学生在解这些题时，会在心里既复习这些几何图形的体积，又复习三角函数关系。多年的经验使我相信，如果一个抽象结论与其他结论相互交织、相互关联，那么学生对知识的转化就会实现质的飞跃。他们对两个结论的领悟都会更加深入，会发现之前未发现的东西。对一个结论的清晰掌握有助于清晰掌握另一个结论。

像代数、几何、物理这些课程的复习，我建议采用我校许多优秀教师所称的“综合复习法”。这种复习法可以分为几种。例如，老师给学生布置画几何图形的任务，学生借助几何图形可以复习一系列重要公式；老师要求学生绘制几何图形示意图，通过这些图形可以清晰地展示好几个定理。

文科课程的复习方法有所不同，比如历史和文学。要复习七八节课所学的内容意味着要看 40—50 页内容。当然，此时不能按照学习新内容的方法去复习。在复习大量材料时，应尽可能跳出材料，让重点凸显，非重点则退居其次。如果学生在复习时又从头到尾读一遍，就会负担过重。最重要的是，他们将无法抓住复习重点，教学效果因而受到影响。

要教学生学会跳出材料：不拘泥于细节，抓重点。教师要利用几节课去复习历史、文学课的一些主题、章节，向学生展示如何复习，而不是一股脑儿从头读到尾。课堂上（之后在家）所复习材料涵盖的知识范围越大，学生掌握得就越深入。

教学生，特别是高年级学生在复习时不拘泥于次要内容，把精力集中在主要内容上，这种能力是世界观形成的基础之一。

此外，还有一种复习方法。教数学、物理、化学时，我常坚持一项在我看来十分重要的要求：要求学生在每门课程的笔记本上留专门的空白处，用红笔记录需要牢牢掌握的知识。这些规则、公式、定理及其他概括性规律就会在学生翻阅笔记时（数学和物理一周复习一次，化学两周一次，生物三周一次）被复习到。

19

如何批改作业

一位女教师给我写信说："给学生批改作业吞噬掉了我所有的时间。"或许，无数的老师都十分认同这一点。看到要改的一大摞作业时，没有老师不会瑟瑟发抖，这不仅是因为批改这些作业要花数个小时，更是因为批改作业是项单调乏味的工作。

老师们已经尽量去减少批改作业的时间，但依然毫无成效。为什么呢？因为学生作业中错误太多。作为学校教育的问题之一，批改作业这一问题的解决需要诸多前提条件。这里没有统一的方法能让大家"照这样做就好"。但我们依然可以把批改作业的时间缩减到三分之一，这需要学校整个教师集体遵循特定准则。

学校首先应当有很高的语言水平，应当培养学生对词汇使用极其敏感的氛围：不管是对老师，还是对学生而言，说错或写错都是格格不入的事情，就像错误的音符被具有很高乐感的人听到一样。我建议低年级教师：要培养孩子对词汇感情色彩的敏感度。努力让语言像音乐一样！形象地说，学生应像语言领域的音乐家，重视语言的准确性、纯洁性和美感。带领孩子去大自然，向他们展示色调、声音、运动最细微的变化，给他们讲述作为创造的人类劳动，让他们用细腻的语言去表达这一切。

我们专门花了几节课给学生讲以下词汇：朝霞、黄昏、草原、田野、小溪、潺潺作响、闪烁、轰鸣……我和学生们用这些单词写作文。这些词慢慢深入孩子们的精神生活，他们学习用词汇来表达最细腻的情感。这是一门并不轻松甚至最难的学问。这门学问的基础是在小学阶段打下的。如果小学阶段错过了，就永远也无法弥补。

请您引导学生从书本、别人的思想走向活动，从活动走向自己的思想和言语。学生的活动应转化为自己的思想，自己的思想应用语言表达出来。总结起来就是：要让学生所参与的活动经常成为他思考、表达的内容。让学生讲述、评判、汇报他亲手做的事和他观察到的一切。如果学生所学的词汇不能和他所做的、看到的、观察到的、思考的东西结合起来，他的语言表达就会混乱。要布置一些练习，这些练习所要求的讲述、回答、报告可以使学生能将现有词汇学以致用，也就是说，让词汇成为他们创造的手段。

为什么学生总是出错？为什么他们写出来的东西文理不通？我认为，罪魁祸首在于学生知识与能力发展的不平衡。学生在大部分课程，特别是语法、文学阅读、数学这类课程的学习体系中，能力落后于知识。当本该为知识“服务”的能力薄弱时，知识就会变成繁重的、力所不及的负担。

减轻批改作业的负担同教学中的系列核心问题相关。要解决这一问题，有以下可行的方案：第一，每节语法课专门留出时间来给学生记录和记忆会出错的单词；第二，要学生认真、充分准备家庭作业，以防出错；第三，可以说，语言、文学、数学、物理等科目有经验的教师在批改作业时都有自己的一套方法。经验表明，最合理的方法就是在一段时间内有选择性地批改：老师时不时地挑选几个学生的练习本，只有小测验时才进行全面检查。

20

学生课余所参与积极活动的内容[1]

有经验的教师在着手教学生时，会给他们指定整个课程学习期间（在小学阶段是整个学习周期）的积极活动内容。积极活动的目的不仅是培养学生生活和劳动所需的实践技能，而且培养智力，有助于思维及语言的发展。上文已经谈到，学生参与积极活动的性质在很大程度上决定了他的语言素养以及词语在他精神生活中的作用。

如何组织学生参加积极活动，才能促进学生的智力发展，提升他的语言素养和思维素养呢?

积极活动就如连接思维和语言的桥梁。教小学生时，我常给学生指定一类积极活动，学生通过此类活动可以清晰地表达自我，思考事实、事物、现象、劳动过程间的相关性。换言之，我尽量让这类活动激发学生的思维，而不只是巩固学生在课上所学的知识。学生课余的积极活动不仅应是对所学知识的补充说明（这也很有必要），而且应当是新的真理、发现、规律的源泉。例如，每位学生在学习期间要种植一棵果树。在这期间，他会有越来越多的新“发现”，新思想让他激动不安，他会去表达这些新思想；词语成为他表达通过劳动挖掘的

1. 此节强调在教一门学科时，应安排学生从事一些实际操作，即积极活动。

各种逻辑关联的手段和工具，这样，这些词就变成了他经常使用的词汇，也促进了他思维和情感的发展。

基于大量实例，我发现，对有趣的劳动感兴趣的学生，思维和言语就不会混乱、呆滞。在劳动中，学生可以发现越来越新的事物和现象间的相关性，因为学生不仅是在劳作，而且是在思考，对因果联系进行推理，再计划未来的工作。我越来越相信，有助于学生清晰表达思想的积极活动能够发展学生的语言水平，提升学生的整体素质。应该说，只有当积极活动从学生入学起就被规划好、被有效组织时，它才能在学生的智力发展中发挥作用。

我们学校的每位中高年级老师在备课时，都会为学生指定一些可以发展智力、蕴含一些概念和规律的活动。我坚信，若没有同自然的互动，人的智力发展不可想象，就如同音乐离不开旋律，语言离不开词汇，科学离不开书籍一样。在生活、物理、化学、数学这类课程培养体系中，思维和实践的统一、言行的统一是学校作为思想家园赖以生存的基础。着手教授这类课程时，有经验的教师会仔细思考，通过何种方式，在哪类实践中可以揭示课程培养目标所需的逻辑关联。例如，物理课的主要逻辑关联在物质、能量、运动、能量转化、物态变化、现象间的相关性等现象和概念中。物理老师可以找机会组织一些实践活动，通过这类活动，以上概念可以在具体关系中呈现。例如，可以让一名学生来做仪器原理模型，在模型中，机械能转化为电能，电能转化为热能。让另外一名学生研制一个模型，在模型中，机械作用会导致物态的改变。这项劳动并不仅仅是对知识的补充说明，可以说，它是被运用了的知识。

我建议诸位教师：如果您想让自己的学生成为善于独立思考的人，想让他们条理清晰、逻辑连贯的思想得以准确解释和阐发，那就让他们参加可以锻炼思维的劳动吧，让知识体系间的相关性在劳动中呈现吧。请记住，劳动不仅仅是一种实践技能。劳动首先是为了学生的智力发展，为了提升学生的思维和语言素养。

21

教学生观察与发现

一些学校不把观察当作一种积极的智力活动和发展学生智力的途径，而把观察只当成对特定主题和章节的补充说明。

在学生的智力发展中，观察处于什么样的位置在很大程度上决定了教育工作的水平。通过观察，不仅可以获取知识，而且在观察中，知识活了起来；通过观察，知识得到了运用，就像工具在劳动中被运用一样。如果说，复习是学习之母，那么观察就是知识理解与记忆之母。善于观察的学生从来不会成绩不好或文理不通。教师如果能够帮学生将所学知识运用于越来越多的观察中，就会发现：学生的知识越“旧”，它们就越牢固。

低年级的儿童需要观察，正如植物需要阳光、空气和水一样。观察是最重要的智力源泉。儿童需要理解记忆的越多，他就越有必要看到大自然、劳动中各种事物和现象间的逻辑关联。

教育小学生，回答他们的“为什么”时，我常常教导他们要在寻常的事物中看到不寻常的东西，寻找并发现事物间的因果联系。

寒冬 2 月，阳光明媚。我和学生去冰雪覆盖的、寂静的花园。我对学生说：“孩子们，大家仔细看看周围的一切吧，你们看到春天到来的迹象了吗？你们中哪怕最粗心的人或许都能发现两三个迹象，那些不只在观察，而且在思考的同学就会发现20个迹象。春天复苏的旋律会被那些善于聆听自然之歌的同学听到。去看，去聆听，去思索吧！”于是，孩子们就去观察被积雪压弯的枝头、树梢，聆听大自然的声音。每个小小的发现都让他们兴奋不已。后来，我们每隔一周就会来花园，每次孩子们好奇的目光都会发现新事物。小学阶段接受过观察训练的学生能够准确地区分已知和未知。更重要的是，他们能积极地表达自我。教师也经常从那些善于观察、善于发现的学生那里听到一些令人意想不到的充满智慧的“哲学”问题。

教师要教学生去观察，去发现周围世界的各种现象。季节交替时期，带领孩子们到大自然中去领略其中的变化吧：万物复苏，一片生机勃勃，生命正积蓄着巨大力量。

从幼年时期起对学生进行观察训练是其智力发展的必要条件。

22

通过阅读完善知识

对于中高年级学生而言，科普类及学术类书籍的阅读所发挥的作用，同观察对低年级学生所发挥的作用一样重要。善于观察与发现的学生对学术书籍的接受力也更强。没有对学术书籍及科普读物坚持不懈地进行阅读，就不会产生对知识的兴趣。如果学生不走出课本，他们对知识就不会有持久的热情。

科技日新月异，但持续将学术著作中的一些新概念、新规律纳入学校培养方案并不现实。因此，阅读科普读物应成为当今学校人才培养过程中的重要组成部分。

教师要善于激发学生对科普读物的兴趣。为此，讲解大纲规定的新内容时，请用一些大纲外的知识的火花去阐明某些问题。有经验的生物、物理、化学、数学老师在讲课时似乎能够给学生稍稍打开探索广袤科学世界的一小扇窗，留一些地方不去彻底阐明。学生看到可以超纲去探索的可能，就会渴望遨游在无垠的知识海洋中。这就是对阅读的渴望：姑娘们、小伙子们想获得知识。

在学校图书馆或家庭藏书中，教师应当收藏一些可以增加学生大纲范围内知识的书籍。这些书源源不断地在出版。阅读探讨现代科学前沿问题的学术类或科普类书籍尤为重要。阅读此类书籍可让学生在学校里所学的基础知识更加清晰。

对学生掌握大纲中最难章节有益的阅读发挥着至关重要的作用，学生对这些章节的掌握决定了对其他章节的掌握。有经验的教师会努力将阅读科普类读物安排在最难章节学习的整个过程中。未学过量子理论基本概念的学生会对探讨这一问题的书爱不释手，尽管里面还有许多不懂的地方，但这不必担心。学生的问题越多，他在课堂上、在学习新材料的过程中对知识的学习兴趣就越浓厚。总的来说，在课上学习新内容前积攒问题的过程是教学法研究中十分有趣的事。

23

阅读是“困难生”智力教育的重要手段

这里的“困难生”指的是对所学内容理解、领悟、记得很慢，存在困难的学生。他们常常这个地方还没有理解，就需要学习新的内容；刚背会一个地方，就忘了另一个地方。有的老师觉得，只要最大限度缩小这些学生的脑力劳动范围（有时老师会对困难生讲：只看看教材吧，不要去阅读其他东西让自己分心了），就可以减轻他们的学习负担。这完全是一种错误的观点。学生学习越吃力，他在脑力劳动中所碰到的困难越多，他就越需要广泛阅读。正如感光力弱的胶卷需要更长的感光时间一样，困难生的智力也需要科学光亮的持久照耀。他们无须额外补课，无须时时刻刻“紧绷神经”，而是要不断阅读、再阅读，阅读在学习吃力的学生的脑力劳动中发挥着关键作用。

乌克兰基洛沃格勒州波格丹诺夫中学的优秀数学教师、功勋教师伊·古·特卡琴科所教授的班级里没有学习成绩不好的学生。他教学的一大优点是能够合理组织我们所说的“能够促进学生智力发展的阅读活动”。倘若伊万·古里耶维奇没有创建一个极好的图书馆，他所教授的五年级至十年级的个别学生成绩就不会优异了。这个图书馆里不止有百本藏书，这些书以特别引人入胜的方式讲述着世界上最有趣的科学——数学。学生在开始学习方程式之前，会读几十页关于方程式的有趣故事，里面讲述了方程式如何被运用在益智游戏这种民间智慧当中。

问题不仅仅在于，阅读可以让学生成绩变好。通过阅读，学生的智力也得到了发展。困难生阅读得越多，他的思维就会越清晰，他的智力就会越活跃。

为困难生专门精心组织科普读物阅读活动是教育工作者对学生最大的关怀。从本质上讲，这是学校工作中“对困难生进行个性化辅导”的重点。

24

不允许知识与能力之间出现失衡

学生的知识与能力之间失衡的原因在于，在他还不具备掌握知识的能力时，老师就给他灌输越来越多的新知识，并教导他：学习吧，不得马虎。这样的学生就好比没有牙齿的人：他被迫吞下还没有被嚼烂的食物，起初会感到不适，然后就生病了，什么也不能吃了……

上文已经谈过，许多学生无法掌握知识是因为他们不会流畅地、有意识地阅读，不会在阅读的时候进行思考。这是个令人忧伤的失衡现象。善于流畅地、有意识地、带有感情色彩地朗读和默读不仅是一项基本素养，而且是学生在课上和自主学习中能够真正进行逻辑思维的重要条件之一。

不会流畅地、有意识地阅读的学生是无法顺利掌握知识的。能够流畅地、有意识地阅读意味着能够用眼睛、用心去领悟部分句子或完整的小句子，不看书就能够复述所记住的内容，同时不仅能思考所读内容，而且能思考与所读内容相关的情境、形象、想象、事实和现象等。

教师应当使学生在小学阶段阅读能力就达到以上水平。否则，就谈不上对知识的自觉掌握。此外，不会流畅阅读就去极力掌握知识，会让学生的大脑变得愚钝，导致他思维混乱肤浅、支离破碎。或许，您经常不得不碰到无法将两个词连在一起的五、六年级学生。我把这些学生的话逐字记录下来，并做了分析。这些话似乎是与上下文割裂的孤立单词，其中没有任何逻辑关联。学生完全无法用语言来表达自己的一些概念，因此他的语流会出现断裂，会含糊不清。基于多年的研究，我发现：思维的不流畅（我这样称这一缺点）是由无法流畅、有意识地阅读，无法边阅读边思考引起的。学生无法理解许多话，原因很简单：他们还没有很好地阅读，没有领会所读的内容，更不用说在意识中把所读内容和相关概念联系起来了。因为不会流畅、有意识地阅读，学生在阅读时就来不及思考。没有思考、思想的阅读会让学生智力迟钝。

如何让阅读流畅、有意识呢？如何让学生能够快速通过视觉和思维领悟意思连贯的整个片段？这需要系统的练习。教导学生时，我通过以下方式来训练他们阅读的流畅度和自觉性：学生首次阅读一个童话或小故事，比如关于原始人生活的故事时，我会在他们面前的黑板上挂一幅色彩明亮的画，上面描绘了原始人的生活：有他们的家园，人们在做饭、钓鱼，孩子在嬉戏。如果学生（此处讲的是三年级学生）在朗读故事时，视线无法脱离课本，在快读完时好好观察下这幅画，记住故事里完全没有的细节，那么他还不会阅读。一刻也不能脱离课本的阅读还不是真正的阅读。在阅读时什么都无法领悟的学生本质上并未学会同时阅读和思考，这恰恰不能被称为有意识地阅读。

学生在特定学习阶段应掌握流畅书写、一边写一边思考的能力。如果缺乏这一能力，就会出现另一个失衡现象。只有经过充分的练习，才能掌握这样的书写速度。书写速度应达到很高的自动化水平，学生在写的时候不用去想怎么把字母拼成单词，需要写哪个字母，他的注意力应当集中在所写内容上。如果有足够多的训练，学生到四年级时可以达到这个水平。但书写的自动化程度取决于学生的阅读水平。阅读水平不高的学生通常在书写上也会文理不通。

培养学生流畅、有意识书写的练习可以这样进行（前提是学生具有很好的阅读能力）：老师给学生讲述某个自然现象、事件或劳动过程，老师讲解时准确强调具有逻辑关联的各个部分，每个部分都包括一些主要部分、次要部分及从属于主要部分的细节。同时，学生将重点按老师叙述材料的逻辑顺序记录下来。学生不具备边听边简要记录所听内容（讲座、讲解）的能力，就无法掌握知识。

许多情况下，学生学习成绩不好正是因为他不具备这一项基本的，同时又难以掌握的能力。

这一能力的作用并不在于实际应用，它是智力发展的必要条件。不能同时听、写、想（正如不能同时读和想），就无法发展知识。

对事实进行提取、分类、分析的能力是一项重要能力，它在很大程度上决定了学生是否能够顺利掌握知识。有经验的理科老师和语法老师会努力让学生的知识和能力间不出现失衡状态。当学生的思维局限于老师在叙述（讲解、讲座）中所陈述的事实时，这种失衡状态就会产生。它会导致学生头脑中的知识变成死知识，无法进行完善，因为这些知识没有得到转化，没有借助新的事实得到丰富，没有被用于解释新的事实。这就出现了我想说的“知识的僵化”。如果知识处于这种状态，就会碰到乍一看非常奇怪的现象。例如，学生牢记了物质的四种状态等概念，但在实际生活中，他并未关注到可以从全新的、以前未知的视角来把物态变化的事实运用到对这些概念的解释中。检验所学知识时，学生碰到了物质从固态到液态的转变现象，他在生活中随处可见的现象面前却不知所措，无法理解并解释这些现象的本质。

为了让学生能将所学规律用于实际生活中，独自收集大量事实，并对其进行理解、分类、对比、分析很有必要。对事实的收集和加工本身就是一种知识状态，一种活的状态，一种有意识地从在课堂上获取的知识体系中选取所需规律、特性、定义的过程。使知识形成这种状态十分重要。多年的从教经验使我相信，对知识的收集和加工是一项独特的技能，借助这一能力，知识可以不断发展，并且这种发展模式非常独特：学生不仅会研究他周围的一切，而且会研究自己的思想。学生收集和加工事实时，也就走上了自我智力发展的道路。

在我看来，课程体系中的事实特色是教学法研究的一个重要问题，同时这也是一个普遍教育研究的问题。从事实的角度对大纲进行分析吧，这些事实是思想的羽翼。仔细思考下，哪些事实可以用于课堂，哪些要保留，供学生收集和分析。教师要为学生提供事实搜集步骤的方法指南，教会学生研究事实。

25

兴趣的奥秘

每位老师都希望他的课堂对学生来说很有趣味。那怎样才能让课堂有趣起来呢？所有课堂都可以充满趣味吗？有趣的源头在哪里？

把课上得有趣意味着学生在学习和思考时是兴奋的、热情高涨的，他们对展现在他们面前的真理感到惊讶，甚至是震惊，他们能够意识到、感受到智慧的力量和创造的乐趣，并且为人类智慧、意志的伟大而骄傲。

感知本身就是一个令人振奋的、惊人的、神奇的过程，它能点燃源源不断、永不熄灭的热情之火。永不枯竭的兴趣之源存在于自然万物中，在其相互关联中，在其运动变化中，在人类的思想中，在人类所创造的万物中。有时，这一源泉就如潺潺的小溪在我们前方流动，去走近观察吧，大自然神秘的画卷就会展现在你面前。有时，这一源泉隐藏在深处，需要走近去挖掘。事实上，对自然万物的本质及其因果联系“靠近”“挖掘”的过程本身就是兴趣的主要源泉。

如果您只寄希望于能够激发学生对阅读、对课堂兴趣的直观性手段，那您就永远培养不出学生智力上的勤奋。要努力让学生自己去发掘兴趣之源，要让他在发掘的过程中体验到自身的劳动和成就，这本身就是兴趣最重要的来源。学生没有进行积极的智力劳动，就不会感兴趣，不会去关注。

学生对知识的第一个兴趣之源、第一个小火花就在老师对课堂所讲内容、对要分析事实的态度中。学生对真理的认识通常源于对各种事实和现象之间的共同点、对联结事实和现象的逻辑线的认知。备课时，我常常仔细思考这些共同点和脉络，这些地方由于存在思想的交汇，常常可以发现关于周围世界真理、规律的一些新的、令人意想不到的东西。例如，下节课要学习植物的根系及其在生命过程中所扮演的角色。植物的根部学生见过无数次，或许，学习材料中未必会有让他们感兴趣的内容。但兴趣在于我们对隐蔽的、乍一看并不起眼的事物的认识当中。我给孩子们讲解十分细小的植物根须如何从土壤中汲取生长所需的养分。我让他们注意各个事实间的共同点和衔接点：土壤里正进行着一刻也不停歇的生命过程，在土壤深处，生命一年四季都不会消逝；几十亿的微生物为无数的根系服务，没有这一复杂的生命过程植物就无法生存。“孩子们，快仔细观察土壤中这一复杂的生命过程，认真思考自然中的物质是如何制约生命的。你们面前展现的是有生命物质和无生命物质间的相互关系。”我对孩子们讲。此处“非生命物质如何给生命物质提供建筑材料”就是事实间的共同点和交汇处，阐释这些地方时，我会向学生展现一些能够激发他们对自然奥秘好奇心的新内容。孩子们的好奇心越强，他们就越渴望去知道、思考、理解。

兴趣的源泉在对知识的运用中，在对事实和现象的理性分析中。在人的内心深处有着非常迫切的需求，他需要感受到自己是个发现者、研究者和探索者。在孩童的精神世界中，这一需求尤其强烈。如果没有通过与事实和现象的实际接触，通过感知的快乐给这一需求提供养分，它就会衰退，同时求知欲也会衰退。我认为，教育的一项重要任务在于不断支持、加强学生想要成为发现者的愿望，通过专门的教学手段帮助学生实现这一愿望。课上，学生对土壤内生命进程的兴趣被点燃；课后，我特意带他们去田野观察土壤剖面。孩子们吃惊地看到一株小小的禾本科植物竟然有2米长的根茎。对他们来说，这才是真正的发现。但实际上，他们还未踏上发现者、探索者的道路。我给孩子们看了好几种草的根须，这些根光秃秃的，许多一眼看上去已经完全枯萎、死掉，我们把它们埋在土壤里，它们活了过来，发了芽，长出了绿叶。我们栽的葡萄树也发了芽。

这让学生们欢欣鼓舞，他们的思维变得活跃，开始刨根问底。他们体验到了前所未有的自豪感：我们掌控了事实和现象，我们手里的知识变成了一种力量。能够感受到知识是一种使人高尚的力量——要激发学生的求知欲，很难再找到比这更有效的手段了。十分重要的是，对知识的掌握过程并没有让学生筋疲力尽，不会让学生疲惫不堪，对一切都失去兴趣，而是让他充满了快乐。当然，只有当学生直接去研究、去发现一些事物，当他们理解了一些具体的事实、现象时，他才能最强烈地感受到自己是知识的主宰者。但同时，他也会体验到纯粹的思想——理性归纳、总结的快乐。

对于广泛阅读的学生而言，课上所学的任何新概念、新现象都会被纳入他通过阅读形成的知识体系中。课上所总结的科学知识具有独特的吸引力：这些知识可以帮学生弄清“头脑中已有知识”的必备知识。

26
为吸引学生的思想和心灵而奋斗

在一个有杰出数学家工作的学校，数学会成为学生最喜爱、最有热情的一门课程，许多学生非凡的数学才能也得到发展。如果学校来了一位天才生物学家，那过两年学生最喜爱的课程就是生物课，学生中就会出现几十位少年生物天才，他们爱上了植物研究，爱上了在校园里做实验、做研究。

如果一所学校里，教师在教学上为吸引学生的思想和心灵而展开良性竞争，那么这所学校的智力生活就会蓬勃发展。在全体教师的创造性劳动中，这种竞争应无处不在。它体现在每位老师都努力激发学生对自己所教授课程的兴趣，确保学生迷恋自己的课程。试想，刚上四年级的孩子被整个教师团队接管，在这个团队里，所有老师都极有天赋，至少他们每个人都非常热爱所教授的课程，能够点燃学生对自己课程的热情。这种情况下，孩子的天资就会被挖掘，兴趣、才能、使命、天赋就会形成。

我们在这里谈论的是教育过程中最有趣的领域，这一领域在许多学校依然是尚未开垦的处女地。我深信，学习的教育意义首先体现在科学的和谐乐队中，每个学生都能找到自己喜爱的乐器，找到自己喜爱的旋律。没有对具体科目、对具体科学知识领域的热爱，个体就不会获得智力上的完整及丰富的精神生活。

把教育事业视为自己的荣耀吧，这样学生就会发现您所教授的课程是最有趣的，就会有越来越多的青少年向往科学领域的创造，就如向往幸福一样，这些科学基础您在学校已经为他们铺垫好。为后辈的思想和情感而奋斗吧，和自己的同事——其他科目的老师竞争吧。比如，您给八年级至十年级的学生教授物理，他们所有人都是您的学生。但您应该对“我的学生”有其他理解。您的学生里有 10 个或更多的（可能更少，五六个学生，这没什么可指责的）都是永远对物理一腔热血的年轻人，他们坚定地将自己的一生和科技联系在一起。此外，您还应该有其他 10 个学生，他们对物理刚刚产生兴趣；他们其中一个爱上了您的课程，其他学生在别的知识领域找到了“金矿”。在培养学生的人生理想时，没有比培养使命感更为复杂的了。您教授 200 名学生，让他们牢固掌握中学基础物理知识，这是您工作的一个方面。但请别忽略，您还应关心教育创造性中的另一个方面——培养学生对物理，包括技术、机器、机械、科技知识的志向，这些学生对物理科学充满兴趣，但课上只能获得物理学科的基础知识。在学校里，您应该有自己的团队——青年物理学家团队。

但应该如何做到这点？最重要的是什么？应从哪里着手？

您当然有自己的物理学科办公室。您每天都会在办公室工作 1 个小时左右，不是研究一本书，就是绘制要做的实验草图，要么就是苦苦钻研仪器图纸或模型。我来告诉您，如果我是您，我会怎么做。我会请万尼亚、科里亚、格卡、斯拉夫卡、彼得、萨沙等已经喜爱上物理课的学生到办公室来。同时，也会有一些八年级，甚至是七年级的学生来，他们还没有彻底爱上我的课程，但我会发现，当我给他们讲解反粒子和光子火箭时，他们的眼中闪烁着光芒。他们渴望阅读一些核物理方面的书。在我的物理学科办公室会有一个角落，我称为“思想角”。思想角的墙上挂着罗丹的“思想者”版画，柜子里是一个小型图书馆，里面是一些关于最新科技问题的图书和手册。这些小火花能引导学生走出课本，去探索未知的领域。办公室里还会有另一个小角落——“难事角”。这里有一些模型图，它们是基于令人费解、不同寻常的设计理念设计而成。要把这些理念变成金属和塑料成品，需要大脑克服相当多的困难。思维的惰性在这里是不被允许的，智力上的突破和大无畏精神是必要条件，这样，学生在“难事角”才不是惊讶得目瞪口呆的观察者，而是创造者。这里还有一个创造力培养小型实验室，这是供我备课的小角落。在这里，我会研究最新的教学材料。和我一同工作的还有我的实验助手——一些帮我备课的高年级学生。

我为深深热爱物理，以及尚未爱上物理，但眼睛里已闪烁着渴求之光的学生们打开了通向这些角落的大门。

我认为，办公室的“梦想角”尤为重要。在这里，科学知识的大篝火会点燃志向的小火花。青少年们相信，思维是一项艰苦的劳动，这项劳动并不轻松，甚至会极其繁重，会让人筋疲力尽，却能给人带来无比的快乐，这是认知的快乐，是认识到自己是知识主宰者的智力上的自豪感。学生与科学知识的相识从“梦想角”开始。这里还有一些书，专门为那些刚刚开始遨游在学术海洋的学生，以及坚定选择科技作为自己的专业、选择在实验室工作或在工厂和机床打交道的毕业生而准备。在我讲课时，一些小男孩的眼睛里总是闪烁着求知的光芒，他们总是有几十个问题，我特别希望他们能来“梦想角”。知道每个人都有什么样的梦想后，我会在书架上为每个人放几本书。

对于许多有天赋的、聪慧的学生而言，只有当他们亲手参与劳动创造时，他们对知识的热情才能被点燃。如果我发现学生想去接触机器机械的模型、各种仪器设备，我一定会带他来“难事角”。

也有一些学生，他们很长时间以来对什么都提不起特别的兴致。如果学校里老师不为吸引学生的思想和心灵而努力，那许多学生就永远不会对任何事物表现出兴趣。学校里对学习、对知识不感兴趣，未发现自己所爱的学生越多，老师所教学生中未能接受他所亲手传递的热情之火的人就越多。在学生对待知识的态度中，最令人沮丧的事莫过于学生的漠然态度。学生哪科成绩不好，学习落后并不可怕，更可怕的是学生无所谓的态度。

去激发那些无所谓、冷漠的意识吧。不会有人对任何事物都提不起兴致。通往冷漠心灵最正确的道路就是思想。思想只能被思想唤醒。面对学生对知识、对脑力劳动的麻木不仁，每位老师都应尝试一切智力手段。这里指的已不是竞争，而是帮助学生摆脱思想上的惰性。我们的教学团队形成了一个规矩：对知识持冷漠态度的学生，我们会在心理委员会会议上讨论。我们会思考怎么可以找到人与自然、人与知识相互影响的领域，在这些领域中，人可以通过认识被激发。最重要的是，学生最终要发现自己是知识的主宰者，他拥有对真理、对规律的驾驭感。通过认知来鼓舞学生，意味着要努力使学生的思想同自尊心相融合。要使心灵达到这一状态，只有通过知识的感染力和活力。我们认为，要唤醒冷漠的心灵，使大脑摆脱惰性，只有让学生在某个领域展现自己的知识，在集体活动中表达自我，展现自己的个性。

我曾教了好几年五年级至七年级的数学。当时我组建了两个数学学习小组，一个专为最有数学才能和天赋的学生而建，另一个为对数学冷漠的学生而建。唤醒这些学生意识的过程就是为他们的思想和心灵而努力的过程。我力求让学生在兴趣小组所获取的知识涉及集体中的人际关系——确立个体的自尊心。在一个人未感到自己是个思想者之前，他不会真正体验到他作为人的自豪感。如何使人的思想与公民感相融合？关于此，需要专门提出建议。

有经验的老师会努力做到在学生所热爱的科目上，他所知道的知识是大纲所要求的10倍、20倍。能够感受到对任何科目知识的驾驭感是人整体智力发展最强大的动力之一。如果学生有自己喜爱的科目，那就别担心他不是所有科目都得5分。更应该让您不安的是，一些优秀的学生没有喜爱的科目。多年的经验使我相信，这样的学生缺乏个性，无法体验到脑力劳动的快乐。

27
使学生的思想与公民尊严感融合起来

使个体把思想与公民尊严感相融合也是教育工作中的一个微妙的问题。如何让学生为自己取得优异成绩而骄傲？如何让学生在所取得的成绩中，在知识的获取中感受到公民的尊严？

我坚信：要达到这一目标，只有让个体的知识、智力财富为其自我表现服务。教育工作应该从低年级起就往这个方向发展。教育低年级学生时，我努力坚持一个原则：每位学生都应为集体的智力生活做贡献。学生所拥有的知识、思想、能力应该被看作一种荣耀、一种尊严。这无论如何也不能只通过以下方式达到：集体只知道这名学生在学习功课，只听他回答了什么。教授一年级学生时，我们一开始会制作一个名为“朝霞”的集体创作成果汇编。我们已经习惯在春夏时节一大早，天刚刚亮就起床，来到花园里的池塘边，迎接日出。每位学生都会拿一张纸（也可以是两三张），去描绘他所喜爱的自然界的事物，比如，写下完整的一个句子、几个词，但“这些词应像一首美妙的歌曲一样”。当然，每个孩子都想画出、写出美好的东西。每个人都为自己所作的美丽的画、所写的美好的句子而骄傲。我至今仍保留着这个相册。到了二年级，我和学生会在冬日的黄昏编写故事和童话。每位学生要么讲述生活中发生的事，要么讲述他想象出来的情节。学生对这类创造性活动充满了兴趣，每个人都在想象、讲述中体验到了精神上的尊严感。

每年，孩子们之间的智力财富和精神财富交流，越来越加深了他们之间的关系。学生到三四年级时，开始举办“读书会”。孩子们会讲述所读过的内容，大声朗读这些内容，朗诵诗歌及文艺作品中的片段。这是智力和技能上的特殊较量。

到五年级时，学生们就开始积极对学龄前儿童和一年级、二年级学生进行智力上的辅导。12 名五年级学生开始指导诗歌创作兴趣小组。每个小组里有 5—7 名儿童，五年级学生教他们撰写关于大自然的精致小作文，给孩子们读自己的作文和诗歌，这确立了高年级同学的自尊心。

到六、七年级时，几名学生会指导一年级至三年级学生的数学学习小组。孩子们会编写、解答考查反应能力的习题。五年级至八年级学生在整个学习期间同时也是外语学习小组的指导老师，主要教一年级、二年级学生用法语阅读和说法语。

到七、八年级时，每位学生都会在科技晚会上做专题小报告。每个学生都会将做这样的报告视为一件光荣的事。

这些教学方式都是为了让学生能够在知识获取、智力生活中感受到道德上的尊严。教师也要这样教育学生，让他们觉得在同学当中，不学无术、对书籍无所谓的态度是不道德的。

28

学生所学知识及社会活动的参与

在农村地区，学校就是文化和知识的主要家园。我们认为自身很重要的一个教育目标在于，将学生对知识的发展和深化过程纳入农村的社会生活中。教育性教学的一个显著特点就是培养学生具备做启蒙工作的能力。我们的高年级任课教师会培养学生去做这类公益活动。村子里有将近 2000 户人家，他们被划分成 180 个文化家园。所有文化家园的中心是农庄庄员的农舍。有些庄员和工人时不时会聚在这里。有 3—4 名高年级学生会来这里举行列宁著作读书会、自然科学晚会、文学晚会等。

学生们不仅将所学知识传授给他人，他们似乎是在长辈面前汇报自己所学的知识。孩子们不仅有机会讲述所学的知识，也是在进行说服教育，在同反科学的观点做斗争。在碰到关于外界事物、现象的错误观点，甚至是迷信、无知时，学生们并未只是简单否认："不对，不是这样。"我们教导学生：去说服他们吧，用科学之光驱除有神论和反科学的偏见，不屈服于违背真理的事物，但要记住，反科学的观点和信仰已经在个别人的内心根深蒂固，要驱除它们，需要知道很多、懂得很多，需要我们坚持不懈地努力。大部分情况下，学生们都能胜任这项并不轻松的教育工作，他们遇到的挫折只会坚定他们学习科学知识的决心，使他们的求知欲更加强烈。

在向他人传授知识的过程中，学生同时也在给自己讲解许多知识，他也会产生许多新的疑问，努力搞清楚不易察觉的因果联系和思维最细微的“拐点”。把知识运用到社会启蒙工作中是最为有效的知识运用及发展手段了。年轻人在认同、坚守、捍卫真理时，他们自己会对真理深信不疑，会渴望进一步拓展、深化自己的知识。如何使少年渴望学习呢？如果学生只将所学知识视为“自己的财富”，这种财富并没有给他带来精神上的满足，他并没有从知识中获得快乐、骄傲、财富和尊严，那么让学生渴望学习这一目标将永远无法实现。

29

根据季节来安排学生的学习活动

根据季节来安排学生的脑力劳动，涉及学生的身体健康和全面发展等重要问题。一年有四季，每个季节，人体的生命活动是不同的。例如，众所周知，人体快到春天时，保护机能会减弱，快到秋天时则会加强。对学校而言，考虑到人体这一季节性波动特点尤为重要，因为我们的教育对象是正在成长、不断发展的个体，他们的大脑正在发育，很容易受到外界的影响。小学阶段，春天的学习及脑力劳动应与秋天完全不同。

对于低年级学生，我建议这样安排他们的学习活动，使学生差不多到第三学季中期（2 月底）基本学完语法及算数课程最重要的理论问题。春天最后一个学季的学习活动应主要对学生之前所学知识进行发展、深化、分类等。春天，还要加强训练学生下学期顺利学习所需的技能。春天似乎是专门用来进行最繁重的观察活动的季节。春天应当积累下学期的前两个学季要学的概括性理论知识。上文所谈到的学生知识与能力间的失衡问题恰好会在这个时候产生，因为和秋天一样，春天会学习复杂的理论概念。

对于中高年级学生而言，教师应利用一切机会来最大限度地减轻他们在春天的脑力劳动。必须考虑到，春天由于维生素的消耗，特别是青少年体内的维生素消耗，学生的视力常常下降，会出现眼疾，而视力却在脑力劳动中发挥着重要作用。不能将阅读大部头的文艺作品，为了复习而重读历史或文学教科书中的大块内容等活动推迟到最后一个学季，尽管许多学校都会这样做。此时，尤其不应该机械地复习，这种复习方式无异于初次学习材料。春天，教师应带领学生创新学习方法。在第四学季备课中，教师教学的主线应是引导学生把现有知识应用起来。没有必要让学生根据老师所给的问题总结不同章节学习内容时一直盯着书本看。针对大纲所涉及的问题专门进行综述的课堂可以让学生的知识变活。教师应当根据高年级学生的疲劳程度安排一些活动，来帮助他们减轻复习负担。

很多年来，我都给八年级、九年级学生布置暑期任务，让他们阅读文学作品。他们会在来年学习这些文学作品。这大大减轻了学生的脑力劳动负担，使他们在第四个学季避免了过于繁重的学习负担。

您可能会有疑问：在实际工作中，如何在一定程度上缓解学生第四个学季的学习负担？要知道，许多学校的学生在这个学季都备受作业“压迫”。如果使学生的脑力劳动在前三个学季就变得紧迫起来，这会产生什么结果？

确实，这一问题是我们教育工作中最尖锐、最难的问题。但我敢肯定，中学大纲是不会给学生造成负担的。亲爱的同人，负担是因我们的实际工作，因我们的教学方法而产生的。倘若我们的教育活动有科学依据，倘若所有学生在儿童及青少年时期所有潜力都被开发，被利用，那么他在义务教育阶段能学会的就不止一种外语，而是两种，而且学生对外语的实际应用能力在小学阶段就能掌握。

那么，应该怎么做，才能让学生在学习中没有负担？回答这一问题并不容易，就像回答这样的普遍问题：“怎样才能让学校没有不学无术、缺乏教养、思想肤浅的男孩子和女孩子？”消除负担意味着：第一，从孩童 3 岁至 5 岁起就努力丰富他们的智力背景，这样，孩童的智力才能在家庭中不断发展，同时，父母的教育水平也在不断提升；第二，不能让学生在知识和能力之间出现失衡，要确保学生对所学知识和学习能力的掌握，学习能力是学生脑力劳动中最重要的工具；第三，要践行教育心理学及教育法中一个十分重要的理论——不存在抽象的学生，在传授深刻知识时要关注到每个孩子的学习过程；第四，努力让学生的知识不断发展，让学生所学的知识能够“学以致用”，而不是在头脑中变成死知识；第五，不要让学生的学习变成无止境的查漏补缺，不要无休止地催促后进生。总之，要预防学生负担过重，就要尽可能地做到以上几点。但要消除学生负担，还需两个重要条件，它们与学校所做的工作有关。关于这两个条件，我想专门给出建议。

30

关于学生的智力生活

这一问题与学校所做的一切工作有关。如果老师只去想怎么强迫学生不停地学习课本，怎么才能让学生不被其他事分心，那么学生的学习负担不可避免。那些整天只想着上课、教材、作业、分数的学生处境并不好。不要让您的学生沉浸在肤浅的知识学习中。除了日常的学习生活、兴趣以外，学生还应当有丰富、全面的智力生活。这里指的是学生，特别是青少年的阅读活动。

如果您担任五年级的班主任或辅导员，那请将培养学生的这一精神需求作为工作的主要任务吧。列出您的学生在整个中学期间能读完的图书清单吧。把这些书放在班级的图书馆里。

如果学生们没有自己喜爱的书、喜爱的作家，我无法想象他们会获得真正的、全面的发展。育人时，在帮助学生规划人生时，我尽量让他们在小学阶段就拥有藏书。到了中高年级，这些藏书会不断扩充，其中已有100—150本图书。正如音乐家没有喜爱的乐器就无法生活一样，爱思考的人不反复阅读自己喜爱的书籍也无法生活。

带领每个学生来到阅读世界吧，培养他对书籍的热爱，让书成为他智力生活中的指明灯。这一切都取决于老师，取决于书籍在他的个人精神生活中处于什么位置。如果学生能够感受到老师的思想在不断丰富，他认为老师不只是在重复昨天所讲的内容，阅读就会成为学生精神上的需求。

教师智力生活的停滞及匮乏，他对思想的不尊重明显会影响到他的教学活动。我认识一位老师，他厌倦一切，上课时不断重复着同一个内容。学生在他的话中感受到了僵化、停滞不前的思想。由于老师没有对思想持有尊重态度，学生也不尊重老师。最可怕的是，他们会变得和老师一样，不愿意思考。

不能将个体的智力生活视为狭小、封闭的空间。个体在丰富集体精神生活的同时，也要利用集体的精神财富。我们要努力使学校有许多以智力生活为中心的团队。首先要有各门课程的科学小组：数学、技术、化学、生物、文学、哲学小组等。或许，这里使用“科学”一词有一点夸张，但它反映了一个事实：青少年踏上了科学思考的道路。无论如何都不能将这些兴趣小组视为某门课程的附属或只是防止学生成绩不好的一种手段，这里是学生智力生活的家园。科学小组中充满了求知好学的氛围。

31

要让学生无负担，必须给学生留有空闲时间

只有当学生不把所有时间都用于学习，而是留出许多空闲时间时，他才能取得好成绩。这乍一看像个悖论。但这不是悖论，而是符合教学过程逻辑的。学生的日常越被学校功课排得满满当当，他留给用来思考同学习直接相关的事情的时间就越少，他学习负担越重，成绩落后的可能性就越大。

空闲时间问题不仅是学生学习中的重要问题，而且还涉及学生的智力培养及全面发展。学生需要空闲时间，就如人体保持健康需要空气一样。学生需要空闲时间来保证学习成绩，来摆脱总是担心成绩落后的恐慌（众所周知，只要学生一病好几天，他就已经落后了，这种事时常发生）。空闲时间是保证学生智力生活丰富的首要条件，学生生活中不只有学习，是学生学习效率高的保证。

学生的空闲时间取决于课堂，取决于他是否拥有富于智慧的、善于思考的老师。在创造空闲时间方面，老师的得力助手就是学生本人，学生在很大程度上决定了他所学的知识处于什么样的状态，他的知识是处于活的还是僵化的状态。但还有一个条件决定了学生有无自由时间，它就是学生的作息表。

基于多年的经验，我首先想提醒大家，脑力劳动作息中有哪些地方是不允许的。完全不可以让学生一放学后就好几个小时地投入课本和作业中，让他下午一连三四个小时，有时甚至五六个小时都在从事紧张的脑力劳动，跟上课一

样。高年级学生常常是这种情况。学生每天花10—12个小时学习书本，听课，理解，记忆，回顾，复述——这样的脑力劳动让人不堪重负，最后只会让学生身心俱疲，产生厌学心理，导致学生的生活中只有学习，完全没有智力生活。

经验表明，可以这样安排学生的智力活动：下午，他们完全不用学习课本、做作业。下午应是学生的自由活动时间。在这段时间，学生可以阅读，参加科学兴趣小组，在大自然中劳动，观察自然现象或人类劳动等。

换言之，学生的下半天应该安排有助于其知识发展和转化的智力活动。请注意，这里不是让学生无所事事，而是要完善知识。学生下午所做的事是否能够真正促进他的智力发展和学习成绩的提升，取决于整个教育过程的教育水平。尤其重要的是，学生可以在下午进行阅读，这里的阅读是出于兴趣和求知欲的阅读，而不是为了背诵和记忆。

您可能会问：尊敬的同人，那学生该在什么时候做作业呢?

早睡早起，在早上上学前做作业是我们学校绝大部分学生的作息规律。很多年来，我们给家长解释经科学证实的早睡早起的必要性，说明在早上醒来前8—10小时进行高强度脑力劳动的益处。新一代的家长成长了，我们曾在家长学校给他们传授教育知识，其中最重要的是关于孩子智力劳动、智力素养及健康的知识。我们做到了让90%的孩子和青少年都遵守以下作息表：低年级学生9点入睡，6点起床（共9小时睡眠）。中高年级学生10点入睡，5：30起床（共7.5小时睡眠）。限于篇幅，我无法列出完整的科学依据。但需要说明的是，学生在夜间12点前的睡眠越久，他就越能减轻疲劳，早上就越容易醒来，就能越快地投入新一天的智力劳动中。从起床到上学间还有2—2.5个小时可以做作业——这是我们作息表的核心，但这也只是整个教育体系的一部分。多年的教学经验使我们教师集体认为，当高年级学生的学习是在全面丰富的精神生活背景下进行，当他们的知识在丰富多样的智力活动中不断完善，当他们掌握知识的过程由一系列学习方法和能力来保障，当每个学生的力量、天赋、才能在每门课程中都得到发展时，高年级学生无须超过2—2.5小时（中低年级所需时间更少）就可以完成作业。但要知道，以上所有条件相互关联，缺乏一个条件，此处所谈论的经验就完全无法借鉴。如果不具备以上条件，只强迫学生在上学前早起做作业，这不会有什么成效。基于诸多事实，我发现，哪怕是最宝贵的经验也常常无法被借鉴成功，因为它被“移植”到了不利于生长的环境中。比如，若孩子不会正确地阅读，老师没有发现这点就教他写作文，学生就学不会。

学生做完作业后去上学，上学路上就是休息时间。到了学校，最紧张的脑力劳动——课堂活动就开始了。在高度紧张的课与课之间，应尽量安排 1 小时，如果可以，安排 2 小时的休息时间（可以是体育课、绘画课、音乐课、劳动课，等等），这样，学生活动的性质就发生了改变。

早晨 2—2.5 小时的脑力劳动要比下午看 4—5 小时书的效果好得多。但问题并不仅在于高效，还需考虑学生的健康问题，考虑到我所称的脑力劳动作息的平衡问题。应当让一天中的一部分时间用于紧张的脑力劳动，另一部分时间不要做紧张的脑力劳动。下午是学生的自由活动时间，在这一阶段，应基于孩童的特点安排他们的智力活动。这些特点是什么？应该如何考虑？下条建议中我们将谈论。

32

教学生利用空闲时间

永远不能忽略的是，时间的流逝对于孩童和成年人来说完全不同。考虑不到“童年”这一特点的教师就会在走入学生内心的路上碰到误解的障碍。夏日，在森林中度过的阳光明媚的一天对孩子来说就是一整年，在夏令营度过的一个月可能对孩子来说就是永远。不要用硬性规定来限制孩子，给他们自由去观察，去看个够。可能的话，可以留出整整 1 个小时来让孩子做自己的事。孩子的天性要求教师做到这一点，否则他就无法进行思考和领悟。

请记住，孩子随时随地都会发现一些新鲜的、未知的事物，这些事物深深吸引着他，使他的大脑和心灵都沉醉在其中。与其说孩子想不起来，不如说他们感受不到时间的流逝。不足为奇的是，沉醉在缓缓流淌、一去不复返的童年之河中，孩子完全会忘记一些事情，比如，他今天要做作业。亲爱的同人，当您问孩子为什么没写作业，如果他坦诚地告诉您“我忘记了”时，请您不要惊讶。学生不是在谈论自己的过错，而是在谈论他觉得奇怪、不解、惊讶的东西。当学生在课堂上出神地盯着树影在教室墙上晃动，而完全没有听到您所讲的内容时，不要惊讶。学生确实没有在听，因为他沉醉在童年之河的流淌中，他对时间的理解和您完全不一样。不要对他大喊大叫，不要在全班同学面前说他不专心、坐不住，这完全不是您要做的。您要悄悄地走到学生跟前，带领他从童年之河的独木舟回到全班同学所在的认知小船上。更重要的是，不要害羞，要时不时地坐到孩子的小船上，和他一起，用他的视角来看世界。请相信，如果您学会了这一点，校园生活中的许多冲突将不复存在，这些冲突更常由误解产生：老师不理解孩子所做的事情和动因，孩子不理解老师的目的。

作为成年人，我经常沉迷于一些有趣的事物，我难以摆脱吸引我、给我带来快乐的事物。但是，内心深处的潜意识让我不安：因为没人会替我完成工作。潜意识释放的这一信号有助于我去掌控时间的流逝。孩子缺乏这种自控能力，这导致他常常忘记时间。教师应当教孩子利用空闲时间。

怎么教呢？要求他去思考，指出他因为沉迷于一件事而忘记写作业的过错吗？还是阻止他去做自己感兴趣的事？

这样做不可行，教师不能摧毁孩子的天性。教孩子利用空闲时间意味着令孩子感兴趣、好奇的事物同时也是他的智力和情感、他全面发展所需的事物。换言之，孩童的时光应当充满了各种兴趣爱好，这些爱好可以发展他的思维，丰富他的知识，提升他的能力，但同时又不破坏童年的魅力。为孩子创造空闲时间并不意味着给他提供一切机会做想做的事情，过分自由会让孩子变得懒散。

教孩子利用空闲时间可以不通过讲解（因为很多孩子还听不懂讲解），而是通过组织一些活动、实例示范、集体劳动等。

33

带领学生去兴趣的源头

请您仔细考虑学生会把空闲时间花在哪儿，他们会如何合理利用自己的空闲时间（这里使用的词不是“度过”，而是“利用”）。

这里又需要谈到书籍。学生最沉醉的事应是阅读书籍，学校应是书籍的王国。您可能在偏远地区工作，您所在的村庄可能离文化中心好几千千米，但如果您所在的学校藏书很多，您的教育水平就会和在市中心工作的教师水平相当，您会取得和他们一样的成绩。不要担心书籍会让学生从学习中分心。

一年级、二年级、三年级的班里很有必要建立“读书角”（每个班单独建立），里面陈列一些充满智慧同时又让孩子感兴趣的书。让每位学生都经常使用他们人生中的第一个图书馆吧。我不建议一年级、二年级、三年级学生，至少是一年级、二年级学生在学校的图书馆借书。没有人比老师更清楚自己的学生应该读哪些书。学生需要读他在当下唯一需要读的、适合自己的书。关于此，没有人会比老师更了解。

请记住，如果一种爱好无法触碰人的思维、心灵和情感，那这种爱好就是无益的。在此强调，学生的第一个爱好应是对书籍的热爱，这种爱好应当持续一生。不管您教授什么课程，文学还是历史，物理还是绘图，生物还是数学，您带领学生来到的第一个兴趣之源应当是书籍。

书籍是一所学校，您应当教会每个学生在书的海洋中遨游。因此，我建议学生从使用班级图书馆开始，然后逐步学习使用学校图书馆。无论如何都不能给学生安排爱好。带领孩子去学校图书馆，给孩子介绍那里的书，给他们推荐可以借阅的书。给图书管理员提供一份推荐阅读书目。

带领孩子来到的第二个兴趣之源应是他所喜爱的科目。只有当一个人在读书期间拥有最宝贵的财富——空闲时间时，他才有可能痴迷某一科目，他的智力才有可能被激发。教师集体应当深入研究如何才能让下午的学校活跃着许多园地，这些园地吸引学生去深入研究不同的科学领域。这不仅包括上文所谈到的各门课程的科学小组，而且还包括一些积极活动。在这些活动中，理论知识是培养学生的创造力，是学生解决体力和脑力任务的主要力量。我们学校有两个智力兴趣园地“难事之家”，一个是关于物理和技术的，另一个是关于生物和农业技术的。在这里，所有工作都由学生独立完成。领导这两个“难事之家”的是高年级学生，“难事之家”对所有学生——从一年级至十年级都开放。在这里，学生可以解决各种各样的技术和生物难题。例如，学生要设计一个可以运转的仪器模型，在这个仪器中，一个工作部件要代替另外一个。生物难题有：两年内把贫瘠的土壤变成沃土，取得收成，为有益微生物的生命活动创造条件。

学生如何利用空闲时间决定了许多事情。请您培养学生充满智慧的爱好吧。

34

用劳动爱好来教育学生

多年的工作经验使我深信，劳动在人的智力发展中发挥着至关重要的作用。孩童的智力发展就在他的手指尖上。

这一教育理念源于观察。经过观察，我发现，双手灵巧的孩子、热爱劳动的人往往拥有清晰的善于求知的头脑。此处的“劳动”并非指任何劳动，它首先是复杂的创造性劳动，通过这些劳动，人的思维、能力、技艺会得到发展。大量事实使我越来越坚信：劳动同人的思维、能力之间存在着直接关联。孩童、青少年通过双手已经掌握或正在掌握的技艺水平越高，他们就越聪慧，他们对事实、现象、因果联系、规律进行深入分析的能力就越突出。

我努力去分析以上相关性的科学依据，阅读了许多学术著作，同时也研究了教学教育过程的各种视角和现象。我们力求将劳动切实运用到孩童和青少年的智力发展中，引导他们参与旨在培养其复杂的实践技能的活动。这类劳动的特点是劳动的各个步骤和操作间存在相关性，它需要高度注意力、专注力及深入思考。人的思维同手部动作在不断进行着交流：思维会检验、纠正、完善人的劳动过程，而双手会给思维提示一些细节。劳动会不断发展人的智力，引导人在思考时保持逻辑连贯，深入分析各种事物和现象间无法通过直接观察获取的相关性。

引导一些思维迟钝混乱的学生参与复杂的脑力劳动，长期观察他们的劳动过程有助于教师更清晰地看到学生的思维成长过程。我发现，如果一个人在学习中碰到困难，那么这些困难产生的主要根源在于这个人不善于发现事物间的关联性，即他不会对“事实”进行分析。只有在同劳动相关的活动中，才更有可能发现这些以最显而易见的方式呈现出来的相关性。

我认为，应选择以下劳动方式来发展学生的智力。

（1）设计组装一些机械、设备、仪器的活动模型。我们学校所有成绩落后的学生都在学校的工作室研究过精巧的机器、机械、仪器、设备模型。在这一过程中，思维的源泉和动力就是对各种相关性进行梳理。我们的青年模型设计师小组用了两年时间设计了一台万能木工机床。小组里有 15 名学生，其中 3 名是成绩落后的学生。这个可以激发人智力的劳动最重要的特点是，它可以不断发展人的思维。对未来机床的构思似乎就在学生们眼前。小组成员不断尝试各种各样的接头和零部件之间的配合程度，来检验其设计思路的准确性及合理性。如果是这样，接下来会是什么？之前如果是这样，会是什么？对这些及类似问题的分析和思考有助于学生不断地往回看、往前看，不断进行对比、分析。

在我看来，在劳动过程中，对事实和现象间的相关性进行分析是发展人类最重要的思维领域最有效的方式，这一领域常常涉及因果联系、从属关系、时间关系。思考事物逻辑关系的独特价值体现在，人的思维永远处于活跃状态，处于搜索中，这使人具备了一些与抽象思维相关的直观概念，从而实现了人的认识从具体到抽象的转变。没有抽象思维，人的思维就无法发展，而抽象思维恰恰是许多成绩落后的学生所不具备的。

（2）选择涉及能量和运动的传递、转化、改变等劳动方式。这里指的是对机械、设备、仪器、机器装置模型的设计和组装，并且其中涉及电能转化为机械能或热能，直线运动变成旋转运动，或者相反。在这类劳动中，学生的思维好像一瞬间能从抽象概括转到具体事物——想象、形象、图画上。如何将抽象的概念付诸实践呢？对这一问题的深入思考可以激发学生思维，促使其在已知中去寻求解决方案。对传递、转化等劳动方式的选择可以锻炼大脑的观察力和求知精神（这恰恰是成绩落后学生所不具备的），因为人在研究整体中的细节、局部和各个要素时，会在具体中寻找整体，学习将整体思维举一反三。这些都可以在动手能力中得到体现。我们努力使以智力发展为使命的劳动的对象是活的，是不断变化的，这样人既是思维的创造者，又是能将构想付诸实践的工匠。在劳动中培养学生智力的一个原则就是：尽可能多一点实验，多一点动手能力。

（3）选择同材料加工、工具、机械、加工工艺等相关的劳动方式。我们努力使工具与双手相配合，成为双手的一部分。如果一个人学不会用自己的双手和思维对劳动对象施加影响，就无法拥有严密、具有创造力的大脑。施加影响的过程就是思维与双手劳动的实际结合过程。人借助手工工具或机械工具加工材料的过程也是复杂现象产生的过程：人的双手和大脑每时每刻都在相互传递信号，大脑指示双手，双手指引大脑，促进大脑的发展。此时，人的构想不仅付诸了实践，而且会不断完善、深化、修正。同时，思维线也不会断裂。利用手工工具或最简单的机械工具对材料进行加工是帮助成绩落后生的有效手段，他们正缺乏对长久持续的劳动过程进行内在分析的能力。

（4）创造（动植物）生命活动过程中正常发展所需的环境，并控制它们的成长环境。学生应从事农业试验工作（种植业、畜牧业）。这是将具体表象转化为概括性结论，将概括性结论付诸实践的有效手段。这种劳动教育的特点在于，人可以从内在领悟，那些在不断变化的条件中长时间进行的过程，同时可以有意识地影响、改变其中的条件。我坚信，农业劳动是一类蕴含智慧的活动。年轻的植物学家小组、育种家小组、生物化学家小组、农业技术专家小组吸收了学习最困难的学生，他们在求知的道路上似乎碰到了无法逾越的障碍。蕴含智慧的农业劳动可以教会他们思考。

在一个少年实验家小组中，有一些学习困难的孩子和少年们超过 15 年进行着一项创造性劳动，力求解决以下两个问题：环境因素对种子发芽、对植物生长初期生命活动的影响；土壤和外在条件对植物生长结果的影响。

毫无疑问，为了让双手促进智力的发展，坚持不懈地阅读很有必要：阅读不仅可以塑造聪明的大脑，而且可以塑造灵巧的双手。

35

如何让学生保持专注

我带领 27 个孩子去草原参观，给他们讲述各类植物是如何传播种子的。我和孩子们要观察的植物在草原遥远的尽头。为了吸引大家去关注这些植物，我用细细的“注意力”丝线将孩子们紧紧拴住。在植物的周围和中间有非常多有趣的东西，只要孩子们被其中一个吸引，这条丝线就会断裂。这样，我给孩子们所讲的、所展示的东西就不会被他们看到、听到，他们的思绪已经飘向远方。缤纷的蝴蝶轻盈地飞起，万尼亚、科里亚、妮娜和娜塔罗契卡好奇的眼睛盯着它，4 根丝线已经断裂了。青蛙从脚下一跃而起，又有几根线断开了……

这种事也常常在课堂上发生。那么，如何吸引这些活泼好动、充满好奇、随时都可能去“抓蝴蝶”的小男孩的注意力呢？如何对单调乏味的内容进行讲解，才能吸引那些在课堂的一开始注意力就在自己感兴趣的事物上的孩子呢？

对学生注意力的掌控是教育工作中一个极其细微，同时又很少被研究的领域。要掌控学生的注意力，教师应当深入了解学生的心理，了解他所处年龄阶段的特点。多年的从教经验使我相信，教师只有建立、确定、保持学生特定的内在状态，才能掌控学生的注意力。此处的“内在状态”是指由对真理的掌控感而产生的、与智力上的自豪感相关的智力活跃和情绪高涨状态。

这种内在状态需要整个智力教育体系来建立。“情绪高涨”无法仅仅通过课堂上采用某种专门手段来实现，比如一些经过精挑细选的直观性教学手段。这种状态的确立取决于诸多因素，包括学生的视野、思维水平和情感素养等。

对学生注意力的掌控是教师对孩童思维施加细微影响的过程。比如，据我所知，学生要在一年间学习动物学中许多一眼看上去十分无趣的内容——软体虫的机体构造及生命活动等。在学习这些内容的过程中，如果学生大脑中的思维活动没有“被老师勾住”，那老师无论如何也无法掌控学生的注意力。学生的注意力是由他对一些常识的了解程度决定的，了解了这些常识，一些完全索然无味的学习材料都会被认为是充满趣味的。此处的常识是：有益软体虫（比如蚯蚓）在土壤形成中、在植物生长中的作用，自然界各种现象间的普遍平衡状态，人类肉眼不可见的各种现象间的依存关系等。

在调动学生课堂上专心领悟软体虫内容所需的情绪状态时，我给他们提供了一些关于大自然、土壤中生命的有趣的书。在讲解这乍一看并没有那么有趣的新内容时，我主要关注学生的思维状态。我稍微触及一下他们的思维，所讲内容就会激发他们的兴趣。这种兴趣首先是通过学生内在的驱动力和愿望被激起，具体为：阅读时深深储存在学生意识中的思想似乎被激活、被更新，这些思想努力去靠近我的思想。此时，学生不仅会聆听、理解新材料，也会在意识深处汲取一些事实和现象，去思考这些事实和现象。

有意注意力应当与无意注意力相结合。当学生在听课时进行思考，这两种注意力才能结合起来。而只有当学生头脑中已经有了“思维的诱饵”，即已对老师要讲的内容略知一二时，他才能在听课时进行思考。在领悟教学材料的过程中，学生的思维越活跃，他们学起来就越轻松。基于阅读而培养的专注力是减轻学生脑力劳动负担的主要条件之一。当学生在课堂上的有意注意力和无意注意力结合起来时，他们才不会感到筋疲力尽。

如果老师不去思考如何培养学生情绪高涨、智力活跃的内在状态，那么，对知识的学习只会引起学生的厌倦，而对智力劳动无所谓的态度，又会导致学生的疲倦。学生在努力认识和记忆所学内容时，哪怕是最认真的学生，都会很快“脱离学习轨道”，丧失分析因果关系的能力。学生脱离得越远，他就越难控制自己的思维。那些除了教材什么都不读的学生，在课堂上对知识的掌握也十分肤浅，会把一切都推到家庭作业上去。而由于家庭作业负担过重，他们没有时间阅读学术文献和期刊。于是，就形成了“恶性循环”。

众所周知，学生对所学科目的兴趣和专注力可以通过直观性教学手段来提升。但作为教学原则的“直观性”，意义十分宽泛，如果把直观教具仅仅看作吸引学生注意力的手段，那么将会导致教学上，特别是学生智力培养上过于简单化的风险。

36

作为认知小径及照亮这条小径之光的直观性原则

培养学生专注力唯一的手段是对学生的思维过程施加影响。直观性对学生思维过程的激发程度，决定了它对学生专注力发展和深化的促进程度。课程讲解的直观化本身可以吸引学生长时间的注意力，但课堂上直观教学手段应用的根本目的不在于整节课都牢牢抓住学生的注意力，而是让学生在认知的某个阶段可以摆脱具体形象，内在过渡到抽象的真理和规律。在实践中，常常会出现相当多意想不到的情形：直观教具通过某个细节吸引住学生的注意力后，并没有促进，反而阻碍了学生对抽象真理的理解，从而偏离了教师的本意。一次，我给孩子们带来了实用水轮机模型。水轮机让水流动，在轮子转动的过程中，形成了一些水花，这些水花在太阳光的照耀下映射出彩虹。我并没有发现彩虹，但孩子们发现了，他们的注意力并没有被吸引到我所要引导的概括性结论上，而是被吸引到偶然出现的有趣的自然现象上，最后导致这堂课的课堂效果并不好。

直观性教学手段的采用需要教师具有极高的科学教育素养，了解儿童及青少年的心理，懂得知识习得的过程。

第一，教师应当牢记：直观性是小学生教育中应当普遍遵循的原则。康斯坦丁·德米特里耶维奇·乌申斯基曾言，孩子是通过“形象、声音、色彩、感受”来思考的。孩子所处的年龄阶段要求他的思维要在大自然中发展，以使他能够同时看、听、感受和思考。直观性可以培养孩子专注力和思维的力量，它可以赋予认知以感情色彩。由于视觉和听觉、感受和思维的共时性，孩童的意识中会形成心理学所称的“情感记忆”。同记忆中储存的每一个概念相关联的，不仅有思想，还有情感和感受。没有成熟、丰富的情感记忆，孩子在孩童阶段就不会真正获得智力上的发展。在此，我建议教低年级的诸位老师：要教导孩子在思想的源头——在大自然和劳动中去思考。让进入学生意识的词汇都具有鲜明的感情色彩。直观性原则不仅应渗透到课堂，而且要渗透到教学教育过程的其他方面以及学生的整个认知过程。

第二，教师在采用直观性教学手段时，应当深入思考如何让学生从具体走向抽象，在课堂的哪个阶段直观性手段就不再有使用的必要，什么时候学生就已经不再关注这些形象化的东西。直观性手段应被运用于激发学生思维的特定阶段——这是学生智力培养中十分重要的一点。

第三，应当逐步从实物直观过渡到模象直观，再过渡到言语直观。但这种过渡无论如何也不意味着可以彻底摒弃直观性手段。直观性原则被有经验的教师用于所有年龄段——在一年级至十年级的教学过程中，但这一原则会逐年通过越来越复杂的教学方法和手段来实现。学生到十年级时，有经验的语文老师会带他们去森林，到河边，去春天盛放的花园。在这里，他们会推敲用词的感情色彩，发展深化青少年的情感记忆。

由实物直观到模象直观的过渡是一个长期过程。模象直观不在于老师在课上是否用画出来的小猫来代替活生生的小猫。这种手段哪怕只是丝毫不差地传达形象、色彩及实物直观的其他特征，它也永远都是一种归纳手段。教育者的任务在于要在使用模象直观手段的过程中逐步过渡到越来越复杂的概括性结论。尤其重要的是，要教会孩子去理解草图、示意图等符号表达手段。这些手段在学生抽象思维的发展中发挥着十分重要的作用。鉴于此，我想针对黑板的使用提一些建议。

教室里黑板的存在不仅是为了书写，也是为了老师在讲解的过程中可以在上面画草图、示意图和平面图。在教授历史、植物学、动物学、物理、地理、数学时，几乎在所有课时中（历史课 80% 的时间，植物学、动物学、地理课 90% 的时间，物理课和数学课 100% 的时间），我都会使用黑板和彩色粉笔。没有这些，在我看来，学生抽象思维的发展不可想象。我不仅将模象直观视为将感知和概念具体化的手段，而且将其视为从表象世界走向抽象思维世界的手段。

如果您教授的小学生里面有数学成绩落后的学生，那试着教他画出题目的草图。老师应引导孩子从生动的形象走向符号表达，从符号表达走向对各种逻辑关系的理解。

第四，应逐步从模象直观过渡到言语直观。言语直观是从通过“形象、声音、色彩、感受”来思考向通过概念来思考过渡的重要一步。有经验的小学教师不仅通过词汇来表达无法展现的东西（北极的冰山、火山喷发等），而且用词汇来表达大自然、人类劳动中可以看到的一切。这些用词汇表达的形象在孩童情感记忆的形成中，在心理学所称的“内部言语”的丰富中发挥着至关重要的作用。

此处又需谈到对成绩落后生的教育。经验表明，这类学生的智力发展在很大程度上取决于从形象思维到概念思维的过渡时间有多长，需经历哪些循序渐进的步骤。个别学生让老师感觉朽木不可雕，老师不知道该拿他们怎么办，该如何激发他们因未接受长期的“形象思维”训练而形成的思维。老师催促他们尽快过渡到抽象思维，但他们完全没有做好准备。要知道，落后生常常不能将好不容易背下的规则运用到实例中。这就是学生的形象思维和概念思维割裂，老师急于求成导致的结果。

第五，直观性教学手段应让学生去关注最主要、最核心的内容。

在此，我再次强调，直观性教学手段要求老师对其具有很高的应用艺术，要了解学生的心理和思维状态。

37

给新手教师的建议

我依然记得在学校工作的头10年，时间过得多么缓慢。之后，时间越来越快，现在我会觉得，新学年刚刚开始就要结束了。基于自己的心得体会，我提醒新手教师一个十分重要的事实：不管年轻的时光被多么热烈、紧张的劳动所充斥，在这一时期总要抽出时间逐步积累精神财富——教育智慧。请记住，20年的教龄会在不经意间流逝，等您40多岁时，您不再会有时间积累智慧。于是，您悲伤地说："唉，早知道我就会在年轻时开始积累，到老的时候工作起来就轻松了。要知道，我还得工作20年。"

那么，年轻教师应当做点什么，才能在年老的时候不至于懊恼?

要做的事情有很多。首先，年轻教师应当逐步积累智力财富和教育智慧。您面前有很长的人生之路，在这条路上，您会碰到各种各样的机缘巧合，也会有求知好学的年轻人向您请教：如何生活？幸福在于什么？真理何在？要回答这些问题，首先应当了解人类追求真理的辩证发展过程，了解人民的崇高理想，应当用心深刻理解和感受人类为最美好的未来——共产主义理想及其实现所做的最高斗争。

要成为一名真正的教育者，应当终身学习科学共产主义理论，用马列主义世界观武装自己。教育者需要花费数年学习用共产党员的眼光看世界、看人类。

在您的私人藏书中应有马克思、恩格斯和列宁关于社会、革命、教育的最重要的论著。培养自身共产主义世界观并非要背诵马列经典作品中的片段。需要强调的是，这首先意味着要学习共产主义看待世界和人类的世界观。

年轻的朋友，我想同您分享的是，我过去和现在如何在马克思、恩格斯、列宁的著作中找到教育实践中最复杂问题的答案。每个人的命运都在我面前展开，每个人都是不可复制的世界。我认为自身最重要的教育任务在于，共产主义理想能够在这个世界得以实现，并带有独特的、深刻的个性化特征。每当我看到独一无二的个体命运发生了细微转变，我就感到有必要重新深入思考马克思、恩格斯和列宁曾经努力追求的，共产主义社会人的评判标准和理想形象是什么。形象地说，我若没有极力沉浸在马列主义奠基人充满智慧、关于人的思想的海洋中，就不会深入思考个体的命运。他们的著作是一部共产主义人学百科全书。马克思、恩格斯、列宁充满智慧的思想有助于我们理解共产主义理想的发展逻辑，比如，理解“全面发展的个体”这一概念。他们的著作帮我厘清了制约个体志向和使命的错综复杂的因素。不管您是如何轻而易举地从图书馆借到任何一本所需的书，您都要建立私人藏书。我的私人藏书就如我睿智的导师，我每天都会同他商量：真理在哪里？如何认识真理？如何将人类所创造、积累、获取的精神财富从老一辈的内心传递到年青一代的心中？书籍就是我的生活导师，我每天都会向他提问：如何生活？如何成为后辈的榜样？如何用理想之光点亮他们的内心？

年轻的朋友，建议您每月购买 3 本书：（1）您所教授科目学科领域内的书籍；（2）关于个人的生活与奋斗经历的书籍，这个人可以成为年轻人的灯塔与榜样；（3）关于人，特别是孩童、青少年心灵的书籍（心理学相关）。

您的私人藏书里应当永远都有这三类书。每年，您的科学知识应从中得到扩充。在您工作的第一个 10 年末，教科书对您来说应是小儿科。只有这样，您才能说，我终生在备一堂好课。只有日复一日地补充科学知识，您才会看到自己讲解材料时学生的脑力劳动过程——您关注的重点不再是讲课内容，而是学生的思维。这是每位老师应具备的最高教育艺术，您应当努力追求。

像寻求宝藏一样寻找一些关于杰出人士的生活及奋斗经历的书，诸如费利克斯·捷尔仁斯基、谢尔盖·拉佐、伊万·巴布什金、雅格夫·斯维尔德洛夫、尤利乌斯·伏契克、尼科斯·贝劳扬尼斯，等等。在您的书架上给这些书留有一席之地。请记住，您应成为的不仅是学生的老师，而且是教育者，是学生的生活导师和精神导师。

您的图书馆应有心理学的相关书籍，教育者应十分了解成长中的个体的心理。当我听到或读到“对人的个性化对待”时，这些话在我的意识中同另一概念——“思考”联系了起来。教育要求老师首先要具备活跃、充满好奇、不断探索的思维。没有思考就不会有发现，哪怕是一眼难以察觉、最微不足道的发现，没有这些发现就不会有教育的创造性。请记住，心理学的诸多规律，每一条都体现在个体的人生经历中。我坚信，昔日的学生在从师范院校毕业以后，只有整个教育生涯都在研究心理学，在不断深化自己的心理学知识，他才能成为教育工作领域真正的大师。

您应当终生努力成为教育者，但教育若缺乏美和艺术，就不是真正的教育。如果您懂得任何一种乐器，那您就具备了作为教育者的诸多优势。哪怕您有一点点音乐天赋，您就是教育中的主导者，因为音乐可以拉近心与心的距离，让学生最紧闭的心门在您面前敞开。如果您不会任何乐器，那您的手中、您的内心应有其他有效手段来对学生的心灵施加影响，这就是文学作品。教育者应创建、丰富自己的文学类藏书。您可以根据学生所处的年龄段，每年去购买几十本能够帮您走进学生内心的书。不能忽略的是，那些被学生读过的、被他好奇的大脑和敏感的心所领会的文学作品，往往会成为那一点点力量，来让学生的道德教育朝所需的方向发展，而这点力量教育者往往缺乏。最重要的是，在您给学生的书里，应有关于如何生活的教导。书中的主人公应能俘获、振奋学生的心，帮他在心中树立起这样的信念：人是伟大的，也是强大的，真理和正义的最高典范就是共产主义思想。当我在书店给自己的教育藏书选书时，我会仔细分析这本书对我的哪些学生有用。

请记住，教育首先是教育者在深思熟虑之后，对年轻心灵充满关爱的、小心翼翼的触碰。要掌握这种触碰的艺术，教育者首先应当广泛阅读，深入思考。您所阅读的每一本书都应成为您全新的、巧妙的教育手段。

此外，教育者还应具备细腻的美感。您应欣赏美、创造美，守护大自然和孩子心中的美。如果您喜欢种树，如果靠近蜂房，聆听蜜蜂在您亲手栽种的花树上的嗡嗡声让您感到快乐，那您就具备了直抵人心的最短路径——在创造美的劳动中进行精神交流。

您在学校工作的每一年都应丰富自己的教育手段。老师应有既针对整个班级，又针对个别学生的题库和实例。所有这些应当逐年收集，根据主题和章节来扩充。我认识一些有经验的数学老师，他们在 15 年工作间积累了专门的算术和几何习题集，并将这些习题集巧妙地运用在对学生的个性化指导中。

38

给准备教授一年级学生的教师的建议

您在小学工作，现在教授三年级，很快您就要教授一年级了。[1] 他们的年龄处在 5 岁半到 6 岁，受到家庭和幼儿园的共同教育。部分学生在上小学之前，唯一的教育者就是父母。学龄前儿童在入学前一两年所接受的教育决定了很多东西。您应十分了解未来的每一位学生。

了解学生意味着什么?

意味着首先要了解他们的健康状况。在开学前的一年半，我手头就有要教的学生名单。在了解学生父母的健康状况时，我会推测他们的孩子会遗传什么疾病。当然，这些推断需要经过医生检验。这样，我就掌握了未来学生最重要的身体器官健康状况的相关数据，比如神经系统、呼吸器官、心脏、消化器官、视力和听觉等。

不了解学生的健康状况，就无法对其进行正确的教育。根据学生健康状况的不同，每个孩子不仅需要个性化对待，而且需要完整的强身健体系统。经验使我相信，教育应促进疾病的治愈，使人摆脱常会在童年时期患上的疾病。心血管系统遭到破坏的孩子需要特殊的教育方法及专业的医疗教育手段。

---

1. 苏联学校自 1970 年后，把小学改为三年制。小学教师都是把一个班从头教到小学结业后，再重新开始教一年级的。

在我看来，良好的家庭关系对于促进疾病的预防，促进孩童由于某种原因患上的疾病的治愈是非常重要的。家庭尤其决定了孩童的神经系统和心脏的健康状况。在吵闹、指责、残暴、羞辱、不信任的环境中长大的孩子是很难教育的。这类孩子的神经系统常常十分敏感，很容易衰弱。患有神经官能症的孩子需要特别的关照，需要每日关怀。培养、教育这些孩子时，需要采用专业的医疗教育法，这些方法有助于预防不良刺激及情绪的剧烈变化。

家庭的智力氛围在孩童的成长中具有十分重要的意义。家庭的智力兴趣、家庭成员的阅读内容、父母的所思所想及其对孩子思想产生的影响等在很大程度上决定了孩子的整体发展和记忆力水平。请告诉学生的父母：“您孩子的智力取决于您的智力兴趣，取决于书籍在家庭的精神生活中占据什么位置。”

我深信，至少需要一年时间来研究每个孩子的思维，只有这样，才能为教授一年级学生做好充分准备。

39
研究学龄前孩童的思维

人类有两种基本思维类型：逻辑分析型（也称数学思维）和艺术型（也称形象思维）。伟大的生理学家伊万·彼德罗维奇·巴甫洛夫的这一分类对解决孩童智力教育、个体兴趣及才能发展中的重要问题具有重要意义。

在明媚的9月，请带领未来的一年级学生去秋日的森林吧，您立马就会发现这两种思维模式的区别。森林，特别是初秋的森林总能吸引孩子们的注意力，他们无论如何也无法对此无动于衷。在令孩子们激动、赞叹、惊喜的地方，就有他们对外界的逻辑认知和情感认知，即通过理智和情感的认知。湛蓝的天空、五彩缤纷的树木……初秋森林中无处不在的明亮色彩吸引了孩子们的注意力。但孩子对外界的反应并不相同。若仔细观察，您就会发现孩子们的两种感知类型，即两种思维特征。一些孩子被大自然的整体和谐之美深深吸引。在赞叹自然之美的同时，他们将事物作为统一的整体来领悟。他们既看到了日出，又看到了秋天树木颜色渐变的惊人之美，还看到了神秘的密林深处。但这都是作为各种复杂的和声被感知，孩子们并没有仔细聆听个别声音，没有分离出个别细节。当他们的注意力被任何事物或现象吸引时，他就会在这个事物或现象上看到整体的和谐。例如，孩子发现了一丛野蔷薇，上面零星挂着琥珀色的浆果和银色的露珠。除了这丛野蔷薇，孩子们什么也没看到。对他而言，自然的这一创造物就是整个美的世界。

以上是形象思维（艺术思维）在理解外界时所表现出的最显著特点。具有这类思维的儿童会兴致勃勃地讲述他们所看到的一切，他们的讲述里都是鲜明的形象。他们通过图画、形象，即色彩、声音、变化等进行思维活动。他们对大自然的音乐、对美十分敏感。在他们的感知中，情感因素似乎占据主导地位，他们更多的是通过情感，而不是理性来认知事物。需要指出的是，这种思维模式会对他们的脑力劳动产生深刻影响。具有鲜明形象思维模式的孩童对学习文学很有兴趣，他们喜爱阅读，沉迷于诗歌创作。学习数学时，他们经常会碰到很大困难，而且数学成绩常常不理想。

对于另外一些孩子而言，和谐之美似乎并不存在。想象一下，温暖的秋日，孩子们在松树林边观察日落，有深紫色的晚霞、树枝、冰冻池塘表面反射出的五颜六色的光。但是在学龄前儿童集体中，总会有一些孩子，无法注意到这些美。他们会问：为什么晚霞是红色的？它夜晚到哪里去了？为什么秋天有些树叶是红色的，有些是橘色的，有些是黄色的？为什么橡树叶一直到冰冻前都是绿色的？孩子首先看到的不是这个世界形象的一面，而是具有逻辑性和因果联系的一面。这就是逻辑分析型或数学型思维模式。这种思维类型的孩子很轻易就能看出事物间的因果联系及相关性，了解一连串事物和现象间的联系。他们很容易进行抽象思维，对数学及其他精密科学充满兴趣。正如鲜明的形象可以引起艺术型思维模式孩童极大的兴趣一样，对抽象事物的逻辑分析也会引起数学型思维模式孩童同样大的兴趣。

这两种思维模式都是客观存在的，老师应当了解每一个孩子是哪种思维主导型的。这点对于老师正确指导学生的脑力劳动非常重要。学习思考、发展思维意味着发展每个孩子的两个思维领域：形象思维领域和逻辑思维领域，不能允许片面发展，同时要巧妙地引导每个学生的智力最大限度地朝他的天赋方向发展。

孩子的思维还会在速度上表现出不同，这可以称为“思维的速度”。

一些孩子的思维非常灵活。他刚刚还在思考蜜蜂如何从花上采蜜，老师展示了花朵复杂的结构后，他的思维就已经转向了这上面。在解算术题时的思维活动也是如此：学生可以在内心领悟题目所指出的篮子、苹果和花园里的树木等条件。其他孩子完全是另外一种思维，我称为“稳固的专注”。当他的思想集中在一点时，他就难以顾及其他点。在思考一件事时，他就忽略了另一件。思考每千克苹果的价格时，他就会忘记每个篮子里有几千克的苹果，一共有几个篮子。有时，老师也会错误地将学生思维的这一特点看作学生智力发展的异常。无论是形象思维孩童，还是典型的逻辑思维孩童都会出现思维缓慢的情况。老师并没有搞清楚问题所在，就急于做出关于孩童智力发展的错误结论。老师对思维明显缓慢的孩子的误解令人心痛。他们常常是聪明的、机灵的孩子，但因为思维缓慢引起了老师的不满，孩子便紧张起来，他的思维似乎呆滞，以至于完全无法进行领悟。

老师在教学前应考虑到并了解清楚这一切。当还未开始教学时，研究孩子思维的特点格外容易。在此，我建议未来教授一年级学生的老师：利用一年时间[1]，组织孩子进行二三十次旅行，带领他们到思想的源泉——大自然中去。带孩子们去一些既有鲜明的形象，又有因果联系的地方吧。在那里，孩子们既可以赞叹美、感受美，又可以思考美、分析美。

1. 作者在这里指的是小学预备班，即儿童在入小学以前的一年时间里，任课教师就对他们进行些教学和教育活动。

40

发展孩童的思维及智力水平

如何发展、深化学生的智力水平？在我看来，这是学校教育中最尖锐，但又研究不足的一个问题。传授知识仅仅是智力教育的一个方面，若没有其他方面——智力的培养及发展，我们也无法对传授知识这一方面进行研究。孩童的思维发展及智力发展意味着形象思维和逻辑思维的共同发展，培养孩童思维的灵敏度，消除思维迟缓现象。

要发展孩童的思维，专门的思维课很有必要。孩童在学前时期，就应时不时地上一些思维课。随着一年级课程的开始，思维课就成为学生智力培养的一部分。思维课包括对外在世界形象、图画、现象、物体真实的、直接的感知，逻辑分析，知识的获取，思维训练，因果关系的寻求等。

如果您想让思维迟缓的学生学会思考，那就带他们去可以发现“现象链”的思维源头。“现象链”即一件事情的结果是另一件事情的原因。思维迟钝的孩子通过内在领悟这一逻辑链条，尝试去记住好几种事实、物体、关系时，他就在接受任何教育都无法替代的思维教育。因为在现象链条中，发现会一个接着一个，思维的火花似乎在孩子面前点燃，这些火花会不断激发他思维的灵敏度。火花一被点燃，孩子们就想知道得更多，想搞明白更多新的现象。这些渴求、愿望会成为加快孩子思维进程的动力。

41
培养孩童的记忆力

对孩童记忆力的培养也是学校教育实践中的一个突出问题。或许，每位老师都会在“坏记性”孩子面前感到手足无措——今天刚记住，明天就忘了。针对孩童记忆力的培养，我基于实际数据和经验提出一些建议。

学生通过自身坚持不懈的努力获取的知识越多，逻辑认知对情感范畴的触碰就越深入，记忆就越牢固，大脑中所储存的新知识就越有序。

孩童在开始记忆之前，应进行我在上文中所谈到的“思维训练”。记忆力所面临的任务越复杂、越艰巨，对学生思维及智力的培养就应越细致、越有耐心。那些只看到事物和现象肤浅、显而易见的一面的孩童，那些未做出任何“发现”、未深刻理解事务本质、在意外发现现象间联系时未体会到惊喜的孩童，往往很难记住一些东西。

我坚信，当孩童尚未开始在学校或家里记忆东西时，更应当关注他的记忆力的培养。学前期及小学阶段是为培养坚固记忆力打基础的极佳时期。尽可能让孩子在直接观察的过程中就能掌握关于周围世界现象和规律的重要原理，而无须专门记忆。

或许，我们每个人都会在以下奇怪现象前感到不知所措：孩子在小学阶段学习很好，但小学以后成绩一下子变得很差。为什么会这样呢？其中一个原因就是学生在小学阶段并未接受旨在发展思维、培养智力、为记忆力发展打基础的专门教育。小学阶段应为学生的记忆力发展打下坚实基础，这一基础就是学生在老师的指导下，通过直接认识周围世界而获取、掌握的知识。

42

保护并发展青少年的记忆力

死记硬背总是有害无益，学生在青少年时期尤其要杜绝死记硬背。这个时期，死记硬背会导致人幼稚化，让人智力愚钝，抑制人的才能和志趣的发展。死记硬背最大的后果就是让所学知识变得肤浅，使人缺乏创新精神。其本质是将教育孩童的那一套方法和手段移植到教育青少年的成长环境中。这会导致知识脱离实际生活，限制人的智力和社会活动的范围。

导致青少年死记硬背的一个主要原因是他们用和儿童一样的方法去获取知识：把教科书逐块背下来，然后把自己背过的内容“呈现”给老师，并由此获得分数。过多的有意记忆只会让人愚钝。

消除学校里肤浅的学习现象是一项非常重要的教育任务。但若中高年级教材中相当一部分内容就要求有意记忆——坐下就开始背，不然就不会，没有可自由发挥的地方，那要怎么办呢?

唯一的办法是：合理安排有意记忆和无意记忆的比例。如果八年级学生需要记忆的材料数量是 X，那么学生需要分析、思考的材料数量就应是 3X。同时，在需要有意记忆的材料与只需理解、无须专门记忆的材料之间应存在一定的联系，不一定是直接关联，但最好可以提出问题。例如，解剖学和生理学课上要学习人的神经系统。如果某一章节有许多全新的内容，几乎所有内容都需要记忆，为了让学习活动不变成死记硬背的行为，请您建议学生去读一些与人相关——关于人体所有系统、神经系统及一些杰出学者相关研究的书籍。学生不带有专门记忆任务所读的许多东西都会被记住，但这完全是另一种记忆方式——无意记忆，这种记忆方式同对教科书内容的有意记忆有质的不同。这种记忆方式建立在学生真正的兴趣、思考和热爱的基础上，认知的情感因素在这一记忆过程中起着重要作用。通过阅读有趣的书籍而进行的无意记忆可以激发人思维的活力。人的思维活力越大，有意记忆能力就越强，对所学材料大部分内容的储存和复现能力就越强。如果人所理解的材料是教材中需背诵内容的好几倍，那么背诵教材相关内容就不再是死记硬背。这种记忆是一种理解性阅读、理解性分析。经验告诉我，如果有意记忆建立在无意记忆之上，即阅读和思考的基础上，青少年在学习教材的过程中就能提出许多问题。学生知道得越多，他不懂的就越多，学习教材相关内容就越轻松。

对无意记忆和有意记忆比例的合理安排首先取决于教师本人。作为基础课的教师，您不应仅仅是知识的传播者，还应是青少年思维的引导者。在对新内容的讲解中，应有能够点亮学生好奇心和求知欲的小火花。学生在课后应非常坚定地想读一些您课上提到的书。他应渴望读这本书，不惜一切去找到这本书。

因此，青少年记忆力的发展取决于中高年级教学教育过程中的整体智力水平。

43

培养孩子对绘画的热爱

同学生智力发展直接相关的是小学教育中如何设置绘画课程，教师在教学教育过程中将绘画置于什么样的地位。教授小学生时，我将绘画视为发展学生创造性思维和想象力的手段之一。我坚信，绘画是孩子走向逻辑认知的必要阶段，更不用说绘画有助于培养孩子的审美。

起初，我会教孩子们写生，我们画树、花、小河、动物。不管孩子们的绘画构图多么简单，这些画总是能够反映他们在感知、思维、审美评价方面的个性化特点。一次，我们一起在三叶草草地上写生。一些孩子极力去描绘整片盛放的田野、云朵、蓝蓝的天空、歌唱的云雀；另一些孩子画了一枝盛开的三叶草花梗，有一只蜜蜂停留在花瓣上；还有一个小姑娘临摹了雄蜂的双翅、三叶草开出的小花瓣、阳光……

我好几次专门把孩子们带到大自然中去，目的是让他们对周围世界的感知充满鲜明的美感。我们画了池塘边的朝霞和晚霞、夜晚草原上的篝火、飞向南方的鸟儿、春潮。我欣喜地发现，孩子对他所赞叹事物的描绘就是在对周围世界进行的独特的审美评价。当孩子在描绘美的事物时，他的审美感受似乎呼之欲出，这会激发他的形象思维。

渐渐地，我教孩子们基本的绘画技巧，他们学会了表达明暗以及景物的远近配置。到了一年级，创作就在孩子们的绘画中占据重要地位。孩子们用图画的形式讲故事，把童话画出来。图画成为孩子们参与创造性游戏的源泉。我相信，基于绘画的想象力游戏同孩子的语言表达之间存在着直接关联。毫不夸张地说，绘画能让孩子“张开嘴”，让沉默、害羞的孩子去表达。

到了二年级、三年级、四年级，孩子们就开始把一些图画运用到创作性写作——作文里，这些作文是他们利用通过对自然现象和人类劳动的观察获取的材料而写成的。我发现，当孩子找不到言简意赅的词来准确表达自己的思想时，他就会借助图画。有一个小男孩在努力表达自己看到刺猬的“宝库里”所藏宝物时的惊讶，他画了苹果、土豆、甜菜的绿叶、五彩缤纷的落叶。

我力求让绘画在孩童的精神生活中占据一席之地。当我们沿着基辅的第聂伯河畔行走时，男孩和女孩们不断赞叹草原、山岭、森林、远处丘陵的美，他们试着用线条和色彩把这些美记录下来。

若没有绘画，地理课、历史课、文学课和自然课的课堂都无法想象。课上，我给孩子们讲解遥远的大洋洲的动植物群，我并不总是有机会把一张所有东西都画好的现成图片带到课上。因此，我迅速把许多动植物画在黑板上。这不仅不会打断学生的思路，而且是想象力游戏的辅助手段。历史课上，我给孩子讲解时，会同时用粉笔在黑板上画出古代人的衣着、劳动工具及武器。经验告诉我，历史课上，特别是四年级、五年级的历史课上，讲解过程中在黑板上画出情节非常重要。比如，我给孩子们讲斯巴达克起义时，会在黑板上画出山顶上的起义营地。与一些现成的图片，甚至是彩色图片相比，课上讲解时随手画的图更有优势。一些低年级的数学课上，有时需要把题画出来，这点我在上文中已经谈过。

44

培养孩子流畅书写的能力

阅读和书写是学生学习中最必要的两种辅助工具，同时也是学生看世界的两扇窗户。如果学生无法流畅、快速、有意识地阅读，无法流畅、快速、半自动化地书写，他就和半个盲人一样。我认为，教育中一项非常重要的任务在于，学生到了三年级、四年级就能在写长单词时笔不离纸，不看练习本就能写出完整单词（甚至一个小句）。书写的半自动化过程是学生文理通顺、自觉习得知识的重要保证。学生不应去想是哪个字母，怎么把它和其他字母拼起来，只有这样，他才能去思考语法规则的应用，去思考他要表达的内容。流畅书写还可以逐渐培养学生在语法规则应用方面的半自动化能力。具备这种能力后，孩子们就不用想该写哪个单词，因为他已经写过很多次了。

流利地书写字母和单词，逐步习得正字法[1]方面的半自动化能力，书写时能够思考——所有这些应当同步进行。流畅书写能力的培养首先要对手部小块肌肉进行一定量的训练，而且这些训练应当先于书写。此处的“训练”指的是左右手在劳动中的训练。孩子入学前一年，应安排他参与以下劳动：用小刀（切削工具）锯纸板、用剪刀剪纸板、锯木头、编织、设计和制作一些木头模型等。

1. 此处的正字法，指词的规范的写法，拼音文字则指正确的拼写法、大写字母用法及移行规则等。

手部一些精细的劳动可以训练手指必需的协调性及节奏感，培养双手的灵活性，培养小型花体字的书写手感（字母本质也是花体字）。

应当努力让孩子双手的劳动成为一种审美上的创造活动。让孩子在制作物品的过程中不断使用圆形、椭圆形和波形线条，使他从小就习惯对操作对象平稳、巧妙地用力，而这需要双手具有很大的灵活性。

经验表明，如果孩子用双手进行足够多的劳动，他在很大程度上就已经对流畅书写做好准备了。当然，系统的书面练习也不可或缺。

45

教孩子既能用右手，也能用左手劳动

人类的历史发展过程导致与思维有关、最富有智慧的劳动都是用右手完成的，而左手在劳动过程中起辅助作用。我们用右手拿工具、握笔，画家用右手创作出不朽的作品。

人类要去攀登智力的巅峰，有右手就够了。但如果所有人右手所具备的最精巧的劳动技能也被个别人的左手所掌握，成为左手的宝贵财富，那么他智力发展和劳动技能的完善过程就会比其他人快许多。人的双手与大脑之间存在着千丝万缕的双向联系：双手会发展大脑，促进大脑智慧的增长；大脑会发展双手，使它们成为智慧创造的工具、思维的镜子和武器。基于多年的工作经验，我发现，如果这些极具智慧的精细劳动不仅是右手，而且是左手所具备的能力，那么双手与大脑间的双向联系就会增多，就会从双手向大脑传递出反映各个事物的过程、状态间的相互影响及相互关联。这一结论虽是基于经验，但它反映了一条实际存在的规律：基于双手的创造性劳动而领会的事物间的相互影响，会给思维活动带来质的改变。人会把相互关联的诸多现象视为一个统一的整体，通过内在的思维活动来梳理这些现象间的逻辑链条。

7 年来，我一直在教孩子们（7—14 岁）用双手劳作。孩子们学会了使用两种切削工具，会用左右手一起组装复杂模型的部件，用左右手一起使用木车床。我发现，随着时间的流逝，孩子们活动中的创造性元素不断发展。这一创造性主要体现在，他们的劳动中出现了一些新的构思和发现。研究同一现象时，用双手劳作的人似乎比只用右手劳作的人会发现更多。在用工具加工材料时，学生们的双手明显很灵巧、柔和、平稳。他们已经爱上了这种智慧型、创造型劳动。

46

给在大学校工作的教师的建议

在完善教育技能方面，在有几十名教职工的学校工作的老师比在小学校工作的老师要容易得多。在大集体中，您总是会碰到有经验的老师，但借鉴他人的教育经验是一件非常复杂的事，是一项创造型劳动。

您从大学毕业，有了教师资格证，比如小学教师资格证。除您以外，您所就职的学校还有 16 名小学教师。其中一些教师在教育委员会上作为先进分子受到表扬，一些教师未被提及，还有一些教师偶尔会被指出工作中的不足。您作为教育领域的新人，几乎每位老师，哪怕在学校只工作了几年，他身上都有您可学习的地方。但您在借鉴他们的经验时，要节省时间。如果您一一旁听每位老师的课，您就难以掌握教育技能的精髓。

我建议您浏览下低年级老师收上来的练习本。如果您看到某个班大部分学生的作业令人赏心悦目、文理通顺，这个班就是您的直接参照对象：您可以向这个班学习很多东西。学生作业是老师整个教育工作的镜子。去旁听这位老师的课吧，但不要只去听书写课，因为作业是整个教育过程的结果，学生的书写水平还取决于他们的阅读能力、阅读内容和阅读方式。

若不深入了解一位老师所做的一切，他对孩子施加的影响，就无法了解他教育经验中的任何一点。您初次去旁听有经验的老师的课，学习他怎么传授给孩子良好的书写能力，您会发现许多看似与您想去旁听的内容完全不直接相关的内容。不要在许多错综复杂、相互关联的现象面前不知所措。学习他人经验时，首先要明白哪些方面是由哪些方面决定的，否则您既无法搞清楚，也无法借鉴好他人的经验。因为对最宝贵经验的借鉴，并非将个别教学方法和手段机械地移植到自己的工作中，这里应当学习的是理念。要向最好的专家学习，首先应该搞清楚一些东西。

您发现，学生作业引起您注意的那位同事，他的学生也有很好的阅读水平：他们可以对单词和句子成分一扫而过，可以一边阅读一边思考，并且可以声情并茂地朗读。您仔细研究他们的阅读方法，但并没有发现任何新奇之处。随后，您又去旁听了好几堂课，把这些课和自己的课作对比。您照猫画虎，但结果远不尽如人意。去探索吧，坚持不懈地探索到底是什么因素决定了良好的教学效果。

您仔细询问学生，努力了解他们每个人的家庭。于是，您慢慢发现，学生良好的阅读水平取决于诸多因素：学生所在家庭的智力生活、他的课外阅读体系以及教师对学生知识与实践技能关系的关心程度。您得出结论：在教育工作中，没有一个结果是由单独的一个原因导致的，并不是这样做立马就能取得那样的结果。每个结果都是由几十个、几百个因素导致的，有时这些因素看似与您的学习、观察、研究对象毫无直接关联。

对优秀教师教学经验的分析，有助于您发现自身教学实践中的一些因果联系。

教育技能的完善在于教师的自我教育，在于自身为提升工作水平，首先是思维水平而付出的努力。没有个人的思考，没有对工作的热情，是谈不上什么教学法的。

您对老教师教育经验观察和研究得越多，自我观察、自我分析、自我完善、自我教育对您来说就越有必要。基于自我观察和自我分析，您就会形成自己的教育理念。比如，当您在研究付出与回报之间的关系时，您会发现：您今天在培育良好的土壤中所撒下的种子，远非明天就可以生根发芽。很多情况下，您今天所做的一切，其结果在好几年后才能被评判。这是教育工作中非常重要的一条规律，它需要老师高瞻远瞩。

47

对单师复式制[1]学校教师的建议

如今，有一些规模不大的学校——单师或双师复式制学校，学校里只有几个学生、一两名老师。这类学校还将长期存在。

如果您在这类学校工作，那么常年营造并维护丰富多样的精神生活氛围对您来说并不容易。您若没有很高的素养——综合素养和教育素养，就会把偏远的居民点变成穷乡僻壤。其实，哪怕是在离市中心最远的乡村都可以燃起文化、思想、创造之火，这一切都取决于您。此外，您所做的一切努力都应让这一火光越来越亮。这点对您所教学生的受教育水平、文化素养和知识水平起到关键性的作用。

您需要专门做许多事情，才能让这火光长亮。偏远乡村并没有大型图书馆、大量书籍，特别是最新出版的书，它们就如新鲜空气一样，正是这里所需要的。

因此，请您让自己所在学校的小型图书馆成为大型文化中心的大型图书馆，比如苏联国立列宁图书馆或者国立乌申斯基人民教育图书馆的用户吧。去读《书评周报》吧，订阅您所需要或感兴趣的书，然后阅读吧。我知道有一些偏远

1. 单师复式制：是把两个或两个以上年级的学生编成一班，由一位教师用不同的教材，在同一节课里对不同年级的学生进行教学的组织形式。

村庄的老师多年足不出户，却创建了一个供村民使用的图书馆。请您考虑一下，给学校创建一个人民文化园地吧。

在单师复式制学校，孩子们的课内阅读极其关键。您应当同社会各界一道，努力使学校图书馆里有供孩子借阅的一切必要读物。世界儿童文学宝库中的书，您所在的学校也应当有。这点并不难做到，只需要您对孩子有爱心，愿意付出努力。我相信，正是在这样远离市中心的偏远学校，您才要创造条件，让阅读成为学生主要的精神文化家园。

同时，也要关心学校是否有电影放映机和幻灯片放映机，应当订阅一些供教学使用的新电影和录像带。

对于偏远小学校的老师而言，定期与大乡镇或城市里的好学校保持联系非常重要。建议您一年有 2—3 次利用三四天去拜访这些学校的同人。您应当去听他们的课，同他们交流，应亲眼看看他们的优秀教学成果，这种成果是每一位不断思考，一直从事创造性劳动的老师所追求和向往的。您在评价学生成绩时，应以这一成果（学生的知识、能力、书面作业等）为标杆。如果可能，从这些最优秀的老师中请一位到您的学校去，哪怕只去两天。

春天和初夏带孩子们去远行吧，让他们看看城市生活，参观一些工厂和印刷厂。请您利用每一次旅行丰富学校的图书馆和电影馆。

夏天，不要在学校里待着，去大城市吧。好好计划这些行程，利用您在学校工作的这些年参观完莫斯科、列宁格勒以及其他大型文化中心。在这些城市的游览安排应当非常饱满：去剧院、音乐厅观看国内最优秀演员的演出。此外，不要忘记阅读。

同时，我也建议您自己多出去几趟，去看看乌拉尔、西伯利亚、阿尔泰、中亚、高加索、俄罗斯北部的阿尔汉格尔斯克州和诺夫哥罗德州。您上课有越多可以给学生讲的东西，您就有越丰富的教学法宝库来对学生产生影响。

48
教师应制订的计划

这是一个非常突出的问题：有些教师常常因为要写许多不必要的文件而不堪重负。在对“官僚主义作风”的批判中，一些老师认为，没必要写任何计划。

以上两种观点都不正确。教师应当制订对工作有益的计划。

对于小学教师而言，制定为期几年的长远规划十分重要。这样的规划应包括什么内容？我基于自身的工作经验来谈谈这一点。

（1）孩子应在小学阶段阅读的文学作品清单。只有当学校图书馆有这些必读的儿童读物时，这个规划才能实现；

（2）孩子需要在学校赏析的音乐作品（学校最好要有音乐室）；

（3）一些绘画作品，围绕这些作品将要举行的座谈会；

（4）孩子们应当背诵的文学作品选段；

（5）最低正字法标准，即最基本词汇量，学生在小学阶段应牢固掌握这些词汇的正确书写；

（6）一些科普读物清单，阅读这些图书有助于拓宽学生视野。特别需要列出专门供思维缓慢的困难生阅读的书；

（7）思维课堂的主题，即带学生到大自然旅行的主题；

（8）孩子们要在小学阶段写作的主题；

（9）教师和孩子们要制作的直观教具的大致清单；

（10）孩子在小学阶段要完成的游览。

我建议中高年级教师也制定一份这样的长远规划，当然，要考虑到课程性质。比如，生物老师要在规划中列出学生要对大自然进行观察的体系，旨在培养学生一些基本感知；地理老师应列出学生必须记忆的术语；物理老师应在规划中列出学生对工农业劳动的观察活动。

长远规划起着十分重要的导向作用。根据这一类规划，教师每年在查看、思考教学大纲时，也是在对自己的工作进行检验：哪些工作已经完成？还需做哪些工作？教师可以参照长远规划的完成情况来评判学生的知识掌握情况。

每位教师应当按专题或课时制订计划。“专题计划”是根据课程大纲，由针对同一主题的好几节课组成的，都是一些小主题（2—5 节课）。专题计划中应列出课堂内容和学习方式，但应当避免对课程内容繁文缛节式的记录。教师要传授给学生的知识应当是在脑中的，计划中没有必要做详细记录。专题计划是教学方法上的预期和依据，而不是详细的提纲。计划中应记录学生对学习材料的创造性加工，例如，学生在老师检查掌握情况时要回答的问题、学生在学习新材料时的自主作业类型等。学生要做的练习不应写在计划中（老师应将它们写在专门的卡片上或笔记本上）。

教师在记录专题计划的笔记本上应预留空白处，当意外偏离既定计划时可用来做出相应修改。

一些教师更倾向于按课时，而不是专题来制订计划。他们会仔细考虑上课专题，提前制订计划，但是只计划一节课的内容。每位老师都可以选择最适合自己的授课方式，重要的是，规划要长远，不要忘记最终目标，定期去思考授课大纲，撰写大纲说明，并把大纲和长远规划进行对比。

担任班主任的教师应制订教育工作计划。关于如何制订这一计划，下文在针对教育问题所提的建议中会谈到。

49

教师工作日志的撰写

我建议每位教师都撰写教育工作日志。这不是形式上所要求的正式文件，而是教师所做的对日常工作有用的私人笔记，这些笔记是教师思想和创造的源泉。记录了10年、20年，甚至是30年的教育工作日志具有极大的价值。因为每一位善于思考的教师都有一套自己的教育体系和教育素养。如果作为教学专家和创造者的教师在自己的创造性生命结束后，带走了他多年劳动和探索的成果，那我们将失去多少宝贵的教育智慧啊。我会将教育工作者的工作日志作为无价之宝，保存在教育博物馆和科研机构中。

我撰写教育工作日志已经32年。当我作为小学老师踏进学校大门的第一天，我就在思考如何撰写工作日志。我们村有一位医生，所有人都觉得他是怪人。我曾看到过，这位医生在给所有进入一年级的孩子测量身高和体重时，非常仔细地记下了所有数据。我同他交流了一下，浏览了他的笔记。让我惊讶的是，他记录这些数据已经是第27年了。

“您为什么要记录这些数据呢？”我问他。

“记录这些很有意思，”医生答道，“您看看，27年来，孩子们身高增加了4.5厘米。唉，还要再过差不多30年……”

当时，我从未想过孩童超常发育的问题。战争初期，这名医生病得很重，他就把所记录的数据交给了我。我从在学校工作的第一天起，也开始记录孩子们的身高、体重以及智力发展水平。如今，我手头有一些在我看来是极其宝贵的数据，它们反映了59年来同一村庄孩子的成长情况。

连续32年，在开学的头两个星期，我会记录孩子们的知识面和认知状况。孩子们需要回答同样的问题：从1数到100；说出你所知道的植物、动物的名字；说出一些机器的名字，并讲一下它们是用来干什么的……

我认为，孩子们对这些问题的回答具有重要的价值。有趣的是，1935年，35名一年级学生当中只有1名可以数到100，有5名可以数到20（当时孩子8岁上一年级）。到1966年，36名一年级学生（7岁的孩子）中有24名可以数到100，其余12名可以分别数到20、30、40。孩子们关于机器和技术动态的知识在逐年增加，但遗憾的是，关于动植物、鸟类的知识却在逐年减少。

1935年，全班35个孩子都去看夏日的朝霞，记录日出过程。到了1966年，36名一年级学生当中，在6月去看朝霞和日出的学生只有7名。

我在工作日志中记录了这些学生家里的藏书、父母的受教育程度、父母在教育孩子上投入的时间等。对这些数据进行对比引起了我极大的兴趣。

对困难生的记录在我的工作日志中占有极大篇幅。在我看来，观察这些学生在课堂上和家里的行为举止和脑力劳动中的细微之处是非常重要的。对这些观察进行记录和分析对教师的工作十分有益。例如，鉴于一些学生思维过程迟缓，知识面相对狭窄，我得出一系列结论，用以说明这些孩子应当读什么样的科普读物，怎样阅读这些书籍。

工作日志可以帮助教师集中思想，把智力聚焦在一件事上。我在工作日志中会专门留出几页，用以记录对学生知识掌握牢固程度的思考。通过对这些记录进行对比、分析和研究，我发现：学生掌握知识的牢固程度受到诸多先决条件的制约。工作日志可以教会教师去思考。

50

教师对自己孩子的教育

教别人家孩子的老师常常没空教育自己的孩子，这一现象并不合理，但遗憾的是，它常常在我们生活中发生，应当避免这种现象的发生。我想建议已经为人父母的诸位老师：

请不要忘记，在家您对孩子来说并不是老师，也不是班主任，而首先是父亲、母亲。不要把自己的家变成一个小型学校，尽量不要把学校的氛围带到家里，尽可能让自己同孩子是和睦的一家人。

教育不是某种刻意而为之的“手段”，它首先是一种生活方式。教师的手里有一把锋利同时又相当危险的工具——对人的掌控，对这一工具的使用需要具有极大的智慧和谨慎的态度。教师可以在学校理智、谨慎地使用这一工具，但不要把它带回家里。教师所采用的传统的、习以为常的教育手段应留在学校。尽量避免让自己的孩子沾上“教师气”，如果您的孩子知道您教育工作的所有细节，知道您的教育内容和动机，知道什么是正确的、什么是错误的，知道老师有权做什么、无权做什么，这并非好事。绝对不要当着自己孩子的面毫不留情地批评某个学生或老师。如果老师的孩子听了太多这样的言论，他就会变得自大，在其他同学面前会产生某种优越感。他们渐渐会对老师无礼，然后用同样的方式对待父母。您，作为他们的父母，作为有经验、有智慧的教师，会在他们面前丧失威信。永远不要通过任何途径让自己的孩子在同学面前搞特殊化。

如果可能，请您把自己的孩子安排在同事的班里，而不是您的班里。这种安排更好，因为这样您只是他们的父母，会同他们更亲近。

虽然您随时随地都在从事教育工作，但您依然需要专门抽出时间来教育自己的孩子。请您每天抽些时间陪孩子一起聊天，阅读，到大自然中去。这点对于作为父亲（母亲）的您尤为重要。

请不要将怒气、烦躁、对教育中任何的一点不满和对学生某个行为的不满从学校带回家，这对孩子来说是坏榜样。如果您的孩子从很小就看到学校工作给父母带来的只有不快，他会慢慢排斥教师工作。这一排斥情绪带来的后果不仅仅是您的孩子以后不想当老师。这都不算什么，更糟糕的是，对教师工作厌恶的学生会变得虚伪、空洞。

您有许多极佳的机会去培养孩子对劳动、对书籍、对科学的热爱。教师工作本质上应是高尚的典范。让自己的子女去感受您高尚的劳动，感受您对他人命运的由衷关怀吧。

你们家里有自己的藏书。您的孩子一上中学，就给他建立自己的图书馆吧。培养他对书籍的热爱，对人类文化瑰宝的尊重。

下篇

51

由谁、由什么来教育孩子，教育中哪些方面取决于您，哪些又取决于其他教育者

目前，存在一种十分片面、绝对的论断，认为教育中某个单一要素起着主导作用。这种观点有时会误导年轻教师，因为在整个教育过程中，所有工作都是重要的，所有工作都有其意义。

我们将要着手教育、塑造的孩子比作“大理石块”，有好几位雕刻师同时拿着雕刻刀来到这“大理石块”前，立志要刻一尊雕塑，使它充满崇高精神，成为人的典范。那么这些雕刻师都是谁？一共有几位呢？

在个体教育过程中，有诸多力量参与。第一，个体所在的家庭，而在家庭中，最富有智慧、最灵巧的雕刻师是他的母亲；第二，拥有丰富精神财富的老师，他拥有智慧、知识、技能、兴趣、生活经验、智力需求、审美需求、创造需求和个人追求；第三，能够对个体产生巨大教育影响的集体（孩童、青少年集体）；第四，个体本人（自我教育）；第五，个体在智力、美学、道德财富世界中的精神生活，这里首先指“书籍”；第六，同个体完全“不期而遇”的雕刻师（他可以是您学生在马路上结交的少年，也可以是去学生家做客的亲戚朋友，他用无线电技术或自己的“星球和平计划”梦想深深俘获了您的学生）。

倘若以上所有雕刻师能够像一个和谐的交响乐团一样有效协作，那么常常引起教育矛盾和冲突的诸多问题都会迎刃而解。

然而，每个雕刻师都有自己的性格、手法和长处（有时是短处）。通常，一个雕刻师会对另一个雕刻师的技艺和创造持批判态度，他不仅想用雕刻刀精细地雕刻粗糙的大理石块，而且想粗暴地切割掉刚被另一个雕刻师雕刻好的地方。渐渐地，这个大理石块不再“粗糙”，它变成了会思考的个体，它不仅在认识周围世界，而且在认识自我，不仅用理智，而且用心灵认识；渐渐地，这个大理石块产生了想去照照镜子的愿望：喂，尊敬的雕刻师们，你们对我做了什么？我们的半成品会拿起雕刻刀，对着镜子（审视周围的人，赞美一些人，无视一些人，还对一些人表示愤怒），开始雕刻自己，它甚至会修正别人已经雕刻过的地方。就在此时，雕刻师们创造的热情高涨起来：大理石碎屑四溅，有时会从石块上脱落一大块……

当你看到雕刻刀之间的交锋以及雕刻师之间的争辩时，你会觉得：这些关于教育中主次因素的论断是多么幼稚！这种幼稚会给整个教育工作带来多么大的伤害！有一些自作聪明的论断，认为某个雕刻师就是万能的。倘若这些思想渗透到了一些家长的意识深处，那我们就会碰到这样一些家长，他们觉得：“我把孩子交给你们了，既然你们是学校，那就好好教育他吧。”

您跨进学校大门，下定决心将一生献给育人工作——培养共产主义新社会的建设者。请记住，您不仅仅是行走的知识库，也不仅仅是善于向年青一代传授人类智力财富、在他们内心点燃求知热情的专家，您是为未来塑造人的雕刻师之一。而且您是一位与众不同的、有别于他人的雕刻师。教育——塑造人是您的职业，社会将您视为在很大程度上决定国家未来的雕刻大师。请记住，您所犯的每一个错都可能会导致个体的畸形发展，个体内心的痛苦和折磨。作为人的创造者，您应通过自身的技巧、能力、艺术给其他雕刻师做示范。为了使我们在学校所塑造的人能够成为在道德、智力、审美方面尽善尽美的人，所有有权雕刻这个“大理石块”的雕刻师都应协同一致，达到在育人方面的和谐。那么，谁应当成为这一和谐团队细致入微、充满智慧、富有经验、小心谨慎又勇敢无畏的指挥者呢？教师本人。

作为教育者，您的任务首先在于观察整个雕刻师团队的相互配合情况，敏锐地发现每个雕刻师的操作，杜绝弄虚作假行为。换言之，您应当搞清楚，在整个困难重重的教育过程中，哪些方面是由谁决定的。您必须知道每位雕刻师在集体共同塑造的人身上留下了哪些痕迹。年轻的朋友，请您记住，雕刻刀对珍稀大理石，哪怕是最细微的触碰都有可能留下终生难以磨灭的痕迹。您应当了解，是谁、何时、通过何种方式触碰过这件雕塑作品。为此，只爱孩子——就像希腊神话中的雕刻家皮格玛利翁那样迷恋自己雕刻的少女伽拉忒亚——是不够的，您还要了解孩子，具备对因果联系的逻辑分析能力。

担任整个雕刻师团队富有智慧的指挥者并不意味着要明确划分成员间的责任和义务：家庭负责这部分，学校负责那部分，少先队组织负责另外一部分……个体并不是分部分被塑造的：耳朵由一个人雕刻，额头由另外一个人雕刻，鼻子由其他人雕刻，等等。在我们复杂又艰难的教育事业中不存在这种情况。您从进入学校工作的一开始就需要常常和学生家长进行交流——不仅是在家长会上，更多的是私下里交谈。永远不要试图严格明确责任：你们家长负责这部分，我们学校负责那部分。孩子的智力教育不仅由学校负责，也需要家庭做很多工作，这才能让我们共同塑造的人是聪明的、充满智慧的，让他具备细致理解和深入感受的能力。请您记住，哪怕是同一雕刻作品的同一部位，有时都是由各种力量用不同的方式雕刻而成的。您刚刚教育学生要做个诚实的人，爱惜社会主义财富，但您和家长并不认识，也许还有预想不到的“雕刻师”正在教唆他坑蒙拐骗。在整个教育过程中，指挥者的智慧和技能在于要察觉到雕刻师对所雕刻作品的任何一处触碰。

乌克兰哲学家、教育家格·萨·斯柯沃罗达曾言：“要搞清楚原因，就要了解一切细枝末节。”年轻的朋友，请您仔细思考这一教诲。学校生活中有太多的情形，老师还未搞清学生某一行为的原因，就下了错误结论！经常会有：错的是学校，他们却把家长叫来，让他们觉得自己不够关心孩子，过于溺爱孩子，等等。

有时，会存在善恶难辨的复杂情况，但依然需要辨别，这是教师的神圣职责。年轻的朋友，当您刚刚踏入高尚的人民教育领域时，您不仅仅是几位有权进入为共产主义育人的工作室的雕刻师中的一位，您还应成为其他雕刻师的老师。您的优势在于，您在借助教育科学之光来观察自己的学生。倘若我不相信育人科学的广阔前景，我一天也不会在学校里工作，也不会写这本书了。您应当成为教育科学知识的明灯，这一明灯的光亮应当照耀其他正在塑造人的雕刻师的工作。作为老师或班主任的您，有哪些机会可以对学生的家庭产生影响？个体如何对自我进行教育？在这一过程中，教师的职责何在？教师本人应当如何进行自我教育？集体能够发挥巨大教育力量的秘密何在？集体存在的条件是什么？在何种条件下集体将不复存在？书籍应如何教育一个人？如何让无法预见的教育者去跟随学校努力的方向，对年轻人的心灵产生影响？在我看来，我针对这些问题提出的建议会对年轻教师有所帮助。

52

培养父母为子女的学校教育和家庭教育做准备

如今，在共产主义社会的育人领域，培养家长如何教育孩子是我们社会所面临的最重要的任务之一。基于多年工作经验，我们得出以下结论：若不关注家长的教育素养，就无法完成家庭和学校教育中的任何任务。家长教育学，即父母所具备的关于如何培养子女长大成人的入门知识，是整个教育理论与实践的基础。在我们的母亲教育学办公室一个显赫的地方挂着尼·伊·皮罗戈夫的名言："要让母亲们明白，她们在照料襁褓中的婴儿时，在同孩子嬉戏、教他牙牙学语时，她们就已是社会主要的建设者。母亲亲手为社会的发展奠定基石。"这些话体现了我们同父母工作的基本思想理念。

我们为父母成立了家长教育学校，其中分为：学前部；一至三年级学生家长部；四至八年级学生家长部；九至十年级学生家长部。在孩子入学的前 3 年，家长就开始在家长教育学校学习。他们两个星期听一次课，这些课程由学校校长、主管教学教育工作的副校长、主管课外工作的副校长、3 年后负责一年级学生工作的老师等讲授。以下是 1964—1967 年教育学校学前部的学习大纲（在这一阶段学习的家长，其子女于 1967 年秋季入学上一年级）。

（1）4—7 岁孩童的身心发展；

（2）如何预防孩童生病；

（3）孩童的作息、饮食及身体锻炼；

（4）4—7 岁孩童的智育；

（5）父母对孩童语言能力及智力发展的重视；

（6）如何预防孩童的神经官能症；

（7）4—7 岁孩童的劳动教育；

（8）如何培养孩子尊敬长者；

（9）教育学龄前儿童的本质；

（10）学龄前儿童需求及兴趣的发展；

（11）学龄前儿童对现实的认知及其情感发展；

（12）如何培养孩童对他人的情感；

（13）4—7 岁孩童的美育；

（14）4—7 岁孩童的创造力；

（15）如何避免孩子成为冷酷无情的人；

（16）如何教孩子克制欲望；

（17）孩子对动植物的关爱是教育的一种手段；

（18）游戏及其在学龄前儿童智力教育、道德教育、情感教育和审美教育中的作用；

（19）母亲是孩子的第一位教育者和老师；

（20）家庭是一所人际关系学校；

（21）父子关系；

（22）母女关系；

（23）帮助孩子做好入学的心理准备；

（24）孩童道德修养中的第一要素；

（25）我们如何看待您的孩子以及您应如何看待自己的孩子；

（26）家长在教育子女时常犯的错误，如何避免这些错误；

（27）孩子的爷爷奶奶也是孩子的教育者；

（28）应当给学前期孩童教什么，如何教；

（29）如何让家庭充满友爱和谐的气氛；

（30）如何培养孩子温和的性格；

（31）如何互相谦让；

（32）如何控制情绪；

（33）如何培养孩子积极向上；

（34）如何避免孩子任性；

（35）家长的权威及其使用；

（36）如何不通过惩罚来教育孩子；

（37）惩罚的利与弊；

（38）哪些可以要求孩子去做，哪些不可以；

（39）教育子女是家长最重要的社会义务。

鉴于作为教师的您必须筹备和讲授以上专题，我想针对这项并不轻松的工作向您提几条建议。请让家长认识到，教育是最高尚、最具人文关怀、最崇高的创造性劳动，教育是家长对最高社会职责的履行。我们的教育学校有许多优秀的班主任，他们善于通过为学生家长开设的每一堂课、每一次谈话来贯彻育人理念，激发家长的自豪感，使其为正在创造世上最美好、最高尚的东西而自豪。我们的班主任会向各位家长阐述包括劳动、科学、技能、创造力在内的家长教育学。

这些班主任永远不会开设一些课程和座谈会，来批评在教育中犯错和失误的父母。年轻的朋友，我建议您也不要这样做。尽管个别家庭中确实存在一些负面现象，但如果您“过于坦诚”，把他人的不幸（不善于教育首先就是一种不幸）公之于众，到您这里来的家长会越来越少，他们因您而远离教育学校。更危险的是，他们会对一切灰心丧气：无论我做什么，我都不会成为一名好父亲，别人的孩子都很好，我的孩子注定不好。请您永远不要忽略，您同家长谈论他们的孩子时，就好比迫使他们看镜子里的自己。如果您对他们说：看看吧，镜子里的您多丑，那他们会如何回应呢……

这条建议绝不意味着教育中可以和稀泥。相反，一些家长不太成功的教育案例可供其他家长吸取教训。学校教育和家庭教育本身非常复杂，它充满了无数冲突，需要我们机智、巧妙、有分寸、从容不迫地解决。一些负面现象也应不加羞辱、不加贬低地去谈论。通常，当我们不得不公开谈论一些负面现象时，我们不会说出犯错、疏忽的家长的名字。

为了深入分析个别家庭教育中存在的失误和错误，为了能同个别家庭推心置腹地谈论其在具体情况下的教育问题，我们教育学校还采用了另外一种工作模式——同家长的私人谈话，特别是女教师与孩子母亲、男教师与孩子父亲的交谈。在影响家长整体精神及教育水平的因素方面，没有两个完全一样的家庭。每个家庭都有自己的特殊情况。因此，同家长的私人谈话——没有孩子在场，是我们教育学校工作的有机部分。在这里，我专门强调“没有孩子在场”，无论如何都不要让孩子知道家长在教育中所经历的困难和痛苦、失败和疏忽，否则只会给孩子带来伤害。在一些良好的家庭里，父母之间友爱和谐、互相尊重、互相谦让的关系是影响孩子的主要力量，而且孩子也不会怀疑，正是家里一切都好才对他们起了教育作用。

我们让学龄前儿童在家里通过特殊的母亲学校接受教育。这是一所任何学校都无法替代的德育、智育、美育和情感教育学校。任何幼儿园，哪怕是最完美的幼儿园也无法替代母亲学校，以填补父母在孩子最细微精神生活领域——个性教育中的缺失。我们十分关注母亲学校“对人的感知”的教育。在讲解这一问题的课上，在同父母的单独谈话中，我们会举实例向家长说明应该如何培养孩子复杂的精神能力，使他总能感受到自己生活在人当中，他应当善于克制自己的欲望，考虑到他人的利益。在我们专为学龄前父母开设的教育学校里，我们逐步分离出这类最复杂的课程——善于生活在人当中。

“母亲教育”的水准对子女的教育十分重要。我们的教师集体坚信，家长教育学是共产主义教育学的开篇。在关心母亲能否成为一名精巧的、充满智慧的、心灵美的雕刻师时，我们最终关心的是孩子心灵的细腻与敏感，关心他内心最隐秘的角落是否总是能对善与美做出回应。

53

如何让孩子听进去教育者的教诲

我们力求使孩子在母亲学校养成一颗细腻、温柔、敏感、富有同情心的心灵，力求使孩子不仅用智慧与理性，而且用心灵去认识外在世界，使他密切关注周围的一切：有人把树枝给折了；雏鸟从巢里掉了下来，无助地在草丛里挣扎；花园里有一只不知被谁遗弃的小猫。我们花了不止一个小时给家长讲，如何为培养孩子的自治能力创造实际条件，使他能够在他人需要时表达自己的同情，能够怜惜、温暖、保护、关爱他人，为他人的经历而担忧、悲伤。年轻的朋友，此处谈论的是作为雕刻师的家长应具备的精细刻刀和精湛技艺。在我看来，当孩子已经踏入学校大门，老师才开始对其进行情感教育，才着手雕刻这块未被父母触碰过的“大理石块”，为时已晚。如果孩子在家里没有接受过情感教育，他就不会用心灵去感受世界，领悟教育者的教导。孩子可以领会他所听、所读东西的内在关系，但是一些情感和心灵上的弦外之音他却无法感知。

这是学校和家庭教育中最复杂的问题之一。孩子已经开启校园生活好几天，却对老师的苦口婆心完全没有任何反应，为什么这种事时常发生？为什么老师不得不大喊大叫，不停地敲桌子？为什么才开学一个月孩子就被罚站墙角，却无济于事？罪魁祸首在于孩子情感教育的缺失。

年轻的朋友，如果您想让未来的学生悉心倾听、感受您的每一句教诲，那请您关心学生家庭中的情感关系。正如孤立对人的思想无益一样，内心的孤独对道德也非常有害。请您关心学生是否处在相互负责、相互吸引、相互尊重和相互关爱的关系中。您未来学生的品德在很大程度上取决于他是否愿意为他人倾注一份心，还是活在自我的封闭世界里，局限于自己的事情和利益。个人主义由情感教育的缺失引起。

请您去拜访未来学生的家庭（每个家庭三年去两三次即可），去了解能让他快乐的事物：他只在接受长辈的给予时才会快乐，还是他用自己的微薄之力为他人付出时会快乐。如果孩子唯一的快乐之源是享受父母的付出，那这很糟糕，他以后去上学就会是副冷酷无情的样子。这种情况下，请您和孩子家长谈谈，一起想一想如何帮孩子找到其他的快乐源泉。这可以是他在花园亲手栽种的树或玫瑰、为他人栽种的葡萄树、自己做的鱼缸、自己建的图书馆、自己打造的供父母休息的美丽角等。要知道，您在关注这点时，同时也在让孩子的内心变得高尚起来，为孩子未来学生时代接受德育、智育、美育和情感教育培育土壤。

您在关心对学龄前儿童进行高尚情感教育的同时，不要允许家长对孩子进行体罚。没有比通过暴力手段来教育孩子更有害、更可怕的了。用棍棒教育来代替智慧、善良、心平气和的教导，就好比雕刻家用生锈的斧子代替轻巧、锋利的雕刻刀。体罚不仅是对身体，而且是对精神施加的暴力。棍棒不仅会让身体失去知觉，而且会让人的心灵和感受变得麻木。在家习惯于被父母棍棒教育的学生，在学校会对老师的教诲充耳不闻。我知道有一些孩子，挨打已让他们变得冷酷无情。挨打的孩子自己也想打人；小时候想打人的人长大后就想杀人——犯罪行为、杀人、暴力在童年时期就埋下了祸根。我已为家长教育学校的学前部讲授了 10 年课程，这 10 年的教育工作使我坚信，要让父母深刻认识到以下事实：在人童年早期播撒在他内心的一颗小小的种子，成年时期就会长成参天大树。一切都取决于这是一颗什么样的种子，它被撒在什么样的土壤中。倘若孩童在入学的前 3 年我未能让他的内心变得温暖、柔软、善良、疾恶如仇，未能使他明辨是非，那我愧对教师之名。

同时，如果您想让学生成为一个大写的“人”，那就教家长从孩子四五岁时通过劳动教育孩子。从孩子已经会手握勺子自己吃饭起，他就应该参与劳动了。充满智慧的民间教育学就是这样提倡的，我们在自己的教育工作中也践行这一古老的智慧。不要害怕让孩子过早地参与劳动。那些担心“啊，是不是太早了”的人，总会在某一时刻悲伤地发现，为时已晚。在我们看来，鼓励父母让五六岁的孩子在春天为父母、爷爷奶奶种下苹果树、葡萄树，这是我们神圣的职责。当然，如果有哥哥姐姐协助孩子，他们完全能够胜任这项工作。之后，他们开始关心苹果树和葡萄树的成长，他们的愿望变成给父母、爷爷奶奶带来快乐，请他们享用自己收获的果实。

形象地说，为使孩子听得进老师的教诲，对其情感土壤进行耕耘的关键就在于以上几点。对于在入学前能够体验任何事物都无法相比的情感——给母亲享用自己亲手种的葡萄的孩子来说，“妈妈”一词的含义在他的心中同只知道享受的孩子是完全不同的。年轻的朋友，请记住，只有体验到创造的快乐的孩童，才可以用善良、温暖，不需要用叫喊和惩罚来教育。

读到这里，读者可能会产生疑问：老师能胜任所有这些工作吗？他能同时既做好当前小学生的教育工作，又做好学龄前 4、5、6 岁儿童的入学准备工作吗？

我的回答是：我们从来不会去做没有任何实际效果的工作，也就是说，我们所做的事没有减轻我们艰苦工作的负担。事实上，我们对学龄前儿童的一切付出都会得到百倍回报。正因为这些付出，我们才能更轻松地工作，才不会碰到在其他学校所面临的困难，据我所知，这些困难已经阻碍他们有序组织教学教育活动。我们学校不存在诸如学生不遵守纪律、不愿意学习等问题。我们确实也没有采用过在其他学校所采用的处罚形式。我们能够取得这些成绩，归功于学校和家庭的共同努力，尤其是家庭所发挥的重要作用。我们不会强迫家长要这样做，要无条件地执行我们的命令。问题正在于，作为并肩作战的两位雕刻师，我们有着共同的理想，能够朝同一个方向行动。因为在塑造人的过程中，非常重要的一点是：两位雕刻师的立场要一致。

54

身为教育者的父母要齐心协力

我们应当力求让孩子的父母对子女教育保持一致的看法，并由此能够提出一致的要求，首先是对自我的要求。我们应力求让作为教育者的父母保持一致立场，这也就意味着要让父母的爱拥有智慧，使他们在对待孩子方面具有分寸感，能够平衡善意与严苛、温柔与严格，而不是诉诸病态的教育手段。我们力求使父母避免在人类最细腻的精神生活领域犯错。当父母的教育缺乏智慧时，他们的爱就会毁掉孩子。在本条建议中，我们会用实例来说明，父母自我感动式的爱、专横式的爱及包办式的爱会给孩子带来多么大的危害。

自我感动式的爱是父母同子女关系中让人能够想象到的最为悲伤的事了。这种爱是父母出自本能、缺乏理性的爱，它有时是盲目的。父母为孩子所前进的每一步感到欣慰，但他们并没有去思考，这是什么样的一步，这一步要迈向何处。用自我感动式的爱所教育出来的孩子不知道社会生活中存在“可以”“不可以”“应该”这些概念，他认为自己有权做一切事情。长大后，他会成为任性的，甚至是病态的人，对他而言，生活中最微小的困难都不堪重负。他会是个彻头彻尾的自私自利者，他不认为自己对父母有责任，不会也不愿意劳动，因为他常常无视他人，也不会用心去体会身边的人，首先是父母、爷爷奶奶的需求和感受，去体会他们的精神世界。他觉得，他的存在本身就已经给父母带来了幸福和快乐。

只有当您同家长双方共同谈话时，才能避免这种自我感动式的爱。这是对父母的情感教育，情感是非常细腻的东西。要对年轻的父母进行情感教育，作为教育者的我们邀请学龄前儿童——我们未来学生的父母不仅来听教育学校的课程，而且来参加我们特殊的实践课。我们的低年级（特别是一、二年级）学生在从事公益劳动的那段时间，年轻的父母也会过来协助我们。他们在同我们一起指导学生劳动时，也在教孩子管理自己的欲望，使自己的欲望服从于集体的劳动、纪律和意志。家长在教育孩子的同时，也借此机会作为教育者在学习。

此外，还要预防父母另一种缺乏理智、出自本能的爱——专横式的爱。这种爱生长的沃土是个别父母的自私和愚昧。他们对待孩子就像对待工具一样：这是我的桌子，我想摆哪儿就摆哪儿；这是我的女儿，我想对她说什么就说什么，我想到哪儿就对她要求到哪儿。我认识一位父亲，他给正在上八年级的15岁的女儿买了一双时尚的鞋和一条漂亮裙子。他命令女儿把鞋子放在书桌旁，裙子也挂在一旁，然后警告她说："这学季末只有所有课程分数不低于4分，你才能穿这些新衣服，哪怕有一个3分都不能去碰它们。"

年轻的朋友，我们社会中还有一类人，他们从专横地支配他人中获得快感。要知道，同这种现象做斗争是极其艰难和复杂的，这种斗争首先需要作为教育者的我们去做。

不要允许任何一个家庭里出现吹毛求疵、相互指责、歇斯底里的吵闹氛围。在这种氛围中成长的孩子会变得暴躁，在我看来，这是对幼小心灵的最可怕的打击。在课堂和谈话中，请向家长阐明，心胸狭隘如何把一个善良的人变成刚愎自用的人，刚愎自用又如何驱散人内心的温柔，这温柔是正常家庭里孩子保持善良、理性克制和彬彬有礼的源头。童年时期不懂温柔的人在青少年时期就会变得粗暴冷酷。

您或许听到过家长们的忧虑：儿子小时候是个善良、乖巧、听话的孩子，长大后却变得粗暴任性。为什么会这样？如何解释这种现象？我们可以给家长提些什么建议？我十分确信，导致这一现象的根源在于父母不会利用自己的权威。此时，老师同孩子的父母谈谈是非常必要的，因为父母的权威就是父母的智慧、统一意志、情感和心愿的结合。若深爱子女的家长双方智慧无法结合，他们的权威就会变成专断。如果孩子感受到，父母对“可以”“不许”“应该”这些概念持不同看法，那么在他看来，最合理的事都会变成暴力、强迫、对其自由的践踏。这时，父母就会惊讶：为什么不用棍棒就没法教这个孩子了呢？因为家长对孩子所提的理性、必要要求都被孩子当成一种压迫其意志的恶力量。

此外，还要预防家长对孩子另一种缺乏理智的爱——包办式的爱。有一些家长真心觉得，他们满足孩子所有的物质需求就尽了为人父母的职责。孩子吃饱穿暖，健健康康，教材和参考书应有尽有，还要什么呢？！在他们看来，可以用物质的付出去衡量对孩子的爱。这种情况下，和家长学校打交道的通常都是小部分在道德、情感上对孩子冷酷的父亲，他们本质上并不懂父母对孩子的爱。而在母亲当中，如果她们每天同孩子保持精神共同体，就不存在这种情况。父亲在道德、情感上对孩子冷酷远远不是他受教育程度低的结果。这是由将子女教育视为一件完全脱离社会责任的事所导致的。

要预防这一点，需要我们在给家长，特别是父亲所提的关于子女教育的建议中贯穿“子女教育是父母应履行的社会义务”“父母应对孩子的未来负责”这一思想。

如果一个家庭里，父亲认为自己的职责仅仅在于为孩子提供物质保障，而母亲又没有成为孩子精神生活的中心，那么孩子就会生活在精神空虚、贫瘠的家庭氛围中。他生活在人群中，却不懂人性——对一个家庭而言，最危险的事莫过于此。孩子内心对一些细腻的人类情感，首先是温柔、关切、同情及悲悯感到十分陌生，也无法感知。他们最终就会成长为情感上无知的人。教育这类孩子时，学校所面临的职责尤为重大：他们需要在情感教育学校接受专门训练。这就涉及一系列理论和实践教育学问题。遗憾的是，实际上并没有情感教育理论相关的研究成果：没有人专门研究过如何进行情感教育，特别是对由于家庭情况而导致道德情感世界空洞的孩子进行教育。

55

情感教育应该是怎样的

此处，我们将要探讨的是老师同家长的协同工作。我们不仅会谈论那些在家庭中没有受到父母真心体贴、亲密对待的孩子的教育问题，而且会谈论所有孩子的道德、情感教育问题。

教导孩子用心去发现、理解和感受他人——这是花园里最芬芳的一朵花，它的名字叫情感教育。我们爱孩子，就应引导他去主动关心周围世界、人所创造和享用的一切，当然，首先是人本身。我坚信，培养孩子内心深处的高尚情感要从培养他对人的态度的人性化及真挚化，从教育他尊重人，首先是从尊重父母开始。

孩子刚刚跨进学校的门槛，成为一名小学生。在孩子小学生活初期，尤其重要的是，学校要同家长——此处特别强调，要同家长双方都保持联络。学校校长、老师同父母双方的私人谈话，他们的思考和建议都是我们的教育实验活动。我们共同去思考孩子们应当做些什么，要使孩子能够用心去感受他生活在人群当中，他应参与什么样的积极活动。

我们将同家长一道努力，使孩子的学生时代，特别是小学阶段可以接受到关于“诚挚”的教育。在这种教育中，最宝贵的课程是教育孩子去创造美、去关心对人来说美好的事物。能够给孩子带来美的享受、愉悦和满足的一切事物都具有神奇的教育力量。孩子们会因此为家庭、为父母、为他人创造美。

秋天，我们学校会庆祝“玫瑰节”，这既属于家庭节日，也属于校园节日，但首先是家庭节日。这一天，孩子们无须聚集起来，也没有一般过节时的热闹景象。遗憾的是，真诚纯朴的儿童情感很少，而非儿童本性的人为成分倒很多。我们这一节日主要在家庭中度过，但是学校会帮助孩子为庆祝这一节日做准备。

节日这天，每个孩子都会在家旁边的空地上为父母亲手栽种几株玫瑰，玫瑰苗由学校提供。我们会告诉孩子：把玫瑰苗带回家种下，去照料它们吧，创造美，给父母、爷爷奶奶带来快乐吧。

孩子种下玫瑰花后，我们需要常常提醒他：把土壤疏松以后，要保护玫瑰不受严寒侵袭。孩子尚未习惯关心他人，未习惯日复一日的劳动，这离劳动成为孩子的快乐还很遥远。我们对孩子讲，栽种玫瑰苗的结果是收获芳香的玫瑰，在他的概念里，这还异常遥远。他尚未学会在追求目标的过程中耐心地等待——应当通过劳动教孩子懂得这一道理。

于是，第一朵花苞长出来了，第二朵、第三朵……花苞绽放，红色、粉色、蓝色、深蓝色的玫瑰在阳光下闪耀。此时，孩子眼中闪烁的快乐光芒是任何事物都无法与之相比的。这种快乐不是他收到父母礼物时的那种快乐，不是休闲、放松时的快乐，也不是因即将到来的旅行感受到的快乐。这是一种为最珍贵的人——父母、爷爷、奶奶创造美好的快乐。这种美好之所以能触动他的心灵，使他兴奋、欣喜，正是因为创造美本身就是一种美。

对我而言，没有比看到孩子剪下玫瑰，把它送给母亲时满眼欣喜更大的幸福了。此刻，孩子的眼睛充满了纯净的人性之光。孩子内心深处的喜悦使他的双眼明亮起来。

这是对孩子进行情感教育中最有必要、最有意义的一课。初次体验到为他人创造美的孩子会获得全新的认识美的方法。孩子在盛开的苹果树枝头、在成熟的葡萄串上会看到具体的劳动、关怀和不安。他不再伸手去折枝、去揪花。

当然，年轻的朋友，我不是要把“美”理想化为一种抽象的表达，不是要美化美本身。只有当美充满了崇高理想、共产主义人道——对劳动人民的热爱及对阶级敌人、社会不公、人压迫人的丑陋现象表示憎恶、不屈不挠、无法容忍时，美才能成为一种强大的教育力量。

孩子们学校生活的第一年过去，转入二年级学习时，我们会和他们一起开辟一个“感恩花园”。这个花园专为那些在土地上劳作了40年、50年、60年、70年，甚至是80年、90年的老人而开辟。按惯例，我们会找一块废弃的、寸草不生的土地，把它开垦成肥沃的土壤，在上面种上葡萄树、苹果树、梨树、李子树。这项劳动并不轻松，我们要运来几十吨肥沃的淤泥，才能让这块地孕育出生命。但这项劳动因其崇高的目的而变得高尚：给他人带来快乐。这一劳动的快乐无与伦比。

感恩花园里的第一批果子成熟了，孩子们邀请同乡受人尊敬的长者到花园里享用果实。在对长者的尊重里，最能体现对人的尊重。对长者的不敬，甚至是冷漠，是在用无情、邪恶、精神空虚、精神暴力等方式残忍地报复社会。

年轻的朋友，引导孩子走上一条因劳动而高尚、光荣的道德发展之路吧。这样您就将看到，孩子从感恩花园里摘下果实，送给在土地上辛勤耕耘了半个世纪的长者的那一刻，会深深地留在孩子心中。他似乎在走向自我道德发展的第一座高峰。

孩子体验到行善的无私快乐的同时，也获得了宝贵的精神财富：他在用心去感受何时何地应当帮助身边的同学、朋友和喜欢的人。对人产生需求——马克思将这一需求看作自由人最伟大的财富，有行善需求的孩子会变得对周围世界、对人、对行为、对事件、对人际关系敏锐而富有同情心。

56

如何才能让孩子渴望好好学习

我坚信，督促学生自觉、坚持不懈地学习的最大动力是让他的脑力劳动变得有人情味，让他通过给父母带来快乐的心愿使自己变得高尚。真诚、富有同情心的孩子会在那些乍一看并无不良行为的地方感受不佳。“我要好好学习，因为妈妈有心脏病。”一天，四年级学生科里亚对我说。孩子可以感受到，如果他的分数栏中的成绩不好，妈妈内心就会不安，他想让妈妈放心。他知道，自己可以通过努力让母亲放心，而不是让她为自己担忧。

如果您希望孩子好好学习，并以此给父母带来快乐，那您就要爱护、珍惜、发展他作为劳动者的自豪感。也就是说，孩子应当看到并感受到自己在学习中的进步。不要让孩子因成绩不好或因自身某个不足就感到无止境的痛苦。孩子保持乐观，相信自己的力量是紧紧联结学校和家庭的纽带。这好比一块磁铁，能够吸引家长到学校来。如果孩子的乐观主义世界观被摧毁了，那就意味着在学校和家庭间立起了一堵高墙。

要使孩子永葆乐观，非常重要的一点是，父母要站在孩子学习知识的起点，直接参与到孩子的学习过程中，共同分享孩子学习中取得的成绩，真切体会孩子成功的快乐与失败的痛苦。母亲教育学不仅是教育，而且是教学。在孩子入学前两年，我们学校同家长就开始了共同的、有针对性的、系统性的劳动，目的在于教授孩子基本的文法及算术知识。未来的学生会一周去一次学校（学校开学前半年，孩子一周去两次学校）。同孩子一起学习的是要在小学阶段教授孩子的老师。孩子们学习字母、阅读、解题。当然，如果孩子在学校一周一小时的学习没有在家里被延续，那就不会有任何成效。在家长学校，我们会教孩子的父母、爷爷奶奶如何教孩子识字和算术。我们研制出了一套有趣的“母亲家庭教学法”，其基础在于：激发孩子对知识、对书籍的兴趣；把游戏与有目标的学习活动相结合；父母与孩子经常进行精神交流。为了教授孩子识字和算术，我们的高年级学生制作了专门的直观教具。等孩子上小学一年级时，他们已经会阅读和数数，这在很大程度上减轻了他们进一步学习的负担，让脑力劳动变得有趣。更重要的是，父母和子女一起为入学做准备，可以拉近他们的精神距离。父母在密切关注孩子的成功与失败的同时，他们也在了解一门精细的学问，即尊重孩子想成为好孩子的心愿。同时，学前教育可以使父母避免一种错误思想，认为只要好好逼一逼孩子，他就能考 4 分、5 分。我们要努力让父母意识到，孩子的成绩并不能反映他的道德水平。违背了这一点，不仅会给孩子造成巨大创伤，甚至会摧残他的心灵。把分数等同于品行是盲目追逐表面指标——数字造成的结果。我们认为，不能简单地把一切都归结为：学习成绩好就是好孩子，所得分数没有达到想要的结果就意味着孩子水平不行。从教育学上讲，这种并不专业的看法忽略了一点：人是多样性、道德、才能、兴趣的有机结合。

遗憾的是，在我们的社会生活中，许多人、许多家庭都持有这种观点。许多文章的核心思想都是：考 3 分的学生就是对知识掌握薄弱、一无是处的学生。读到这类文章时，我十分愤慨。尊敬的同人，是时候告诉自己：3 分是对学生知识掌握情况的合格评定。如果所有老师都能正确看待这一点，就不再会有弄虚作假的事情了，老师也不会给不太合格的答卷打 3 分，但遗憾的是，这种事经常发生。父母也不会要求孩子去做他不可能完成的事，因为不是所有学生都具有同样的才能，一些孩子很轻松就可以考 4 分、5 分，而另一些孩子能考 3 分就已经是很好的成绩了。在我们正面临全面普及中等教育的今天，意识到这一点尤为重要。

57

随着孩子的成长同家长一道深化教育工作

我们会在同家长的所有工作中贯彻一系列教育理念。我们尤其关注孩子的家庭精神生活与学校教育的统一。我们的教师集体力求让家长们相信：家庭中应充满对科学、文化、书籍的尊重氛围。我们和家长一起庆祝“读书日”，这类节日的意义在于父母会为家庭藏书购买一些文学作品。关于家庭及家庭成员精神生活中书籍的选择，我们会在家长教育学校的所有分部开设课程，私下同家长进行谈话。我们力求全面培养孩子的兴趣及精神需求，其中，对书籍的需求应居首位。我们得以让黄昏一小时成为许多家庭的阅读时光，孩子们和大人一起阅读自家藏书或从学校图书馆借来的书。

鉴于此，我们还十分重视另一教育理念——孩童和青少年的自我教育。若家庭和书籍缺席，这一自我教育将无法实现。我们力求使成长中的个体善于利用空闲时间、珍惜时间，自觉用精神发展所需的活动来填充空闲时间。

我们给家长们讲解，如何从孩子懂事起就在他心中树立、加强和巩固公民感。这样，公民意识和公民情感就会在孩子童年时期扎根，播撒在孩子心中的小小种子会萌芽，生出很深的根。我们认为，具有重要意义的建议是如何撒下这些种子，如何激发孩子心中的公民感。非常重要的是，我们要教导家长，使家庭和孩子的精神生活中能体现出社会利益。要这样培养孩子的公民意识，使人类共同的福祉、对他人福祉的关怀成为未来公民的个人事业，让孩子的思想和情感世界不局限于个人的物质和精神需求。此处再次强调，一个人的道德风貌在很大程度上取决于他在童年时期从什么事物中获取快乐。生活中有许多机会可以让孩子去密切关注乍一看与他无关的事情。我们在帮助家长用心看到、发现生活中这些机会的同时，也在教他们如何进行作为创造的教育。比如，您家院子对面的马路上有一棵患病的小树，不知是谁在什么时候种的。如果不加以呵护，小树就会死去。请您让上二年级的儿子去注意到他至今为止没有注意到的东西，那些如果他内心的公民感未被唤醒，那么他以后永远也注意不到的东西。请您让他去照料生病的小树，给它浇水除害。帮孩子再种 3 棵树，让他初次体验能为他人做点什么的自豪感。而且孩子越大，他所做的事就应当越有意义，这些事是他的公民感、忧患意识和关怀产生的基础。

此外，我们同家长的协同教育体系还特别关注青少年的“社会成熟”问题。在这一同样很难触及、细微的精神生活领域中，非常重要的是学校同家庭的努力方向要保持一致。没有家庭的参与，什么都无法实现，抛开母亲的教育来谈论青少年的社会成熟就是在白白浪费时间。青少年社会成熟的根本在于通过劳动为家庭收支做贡献。我们认为，绝不可以让青少年在中学毕业前的多数情况下都仅仅是物质财富的享受者。这是导致青少年中一部分“巨婴”产生的原因。我们在同家庭共同关心初高中生社会成熟度的同时，力求让每一位青少年参与到社会生产中，让他们真正去劳动，不是为了达成学校所树立的教育目标，而是为了物质目的 ——创造物质财富。树立这一现实生活所必需的目标，会把劳动从死板的课堂教育变成切合实际的事。在学生的劳动中，死板教育的成分越少，劳动真正的教育意义就越深刻。由于学校和家庭目标的一致以及二者对青少年劳动生活要求的一致，在我们学校形成了以下传统。

12—14 岁的少年会自己赚用以购买冬季所需衣物的钱；

15—17 岁的青年会自己赚用以购买整年所需衣物的钱；

通常，学生从 10 岁起就开始自己劳动赚钱来购买教材和参考书。

一个人劳动的方式、内容和目的决定了他的思维方式。如果一个人在学生时代的劳动对他的教育而言是件多余的事，那么他对未来有意识的规划、对职业的严肃规划都无从谈起。倘若青少年的劳动不是一件十分严肃、成熟的事，那么我们就无法同家长谈论孩子思维的成熟，谈论他的独立学习，谈论他的公民责任感，谈论他即将组建家庭时的道德状态。

58
同家庭一道指导孩子的劳动

我再次强调，十分重要的是，孩子、青少年的劳动应被纳入家庭的经济生活当中，成为家庭经济生活的有机组成部分，家长可以将劳动视为孩子应履行的神圣职责。如果做不到这一点，那学校所采用的任何教育技巧都绝不会产生任何效果。如果家庭不需要孩子去劳动，如果家长不让孩子参与劳动，自己还费尽千辛万苦地帮他减轻生活负担，那么学校所组织的任何为时一周、两周、一个月的实践课对孩子来说都不是劳动，而是让他们厌烦、使他们感到沉重并且想极力摆脱的游戏。只有当孩子的劳动成为家庭物质需求的一部分时，劳动才具有教育功效。如果能做到这一点，那么其他一切会随之而来：学习也会成为一种劳动；孩子父亲生病无法工作时，也能引发他真正成熟地去思考。

在一些乡村学校，组织孩子去劳动是件比较容易的事。再次强调，这里谈论的是孩子的劳动。只有当劳动对于一个人来说不再是抽象的教育概念，而是不劳动就不得食时，他才能成为一名真正的劳动者，一个真正的人。我们同家长共同努力帮孩子寻找一些他力所能及同时又有生产效率的劳动。7—8 岁的孩子会和母亲、兄弟姐妹一起在养蚕分队劳动：从桑树上剪下树枝，把树枝带到养蚕架上，清扫垃圾。9—10 岁的孩子除了在养蚕分队劳动以外，还会剥玉米，为种植蔬菜备好种子，给菜地施肥。11—12 岁的孩子会把草晒干，采摘蔬菜和水果，放牧。

半大的孩子会在牧场照料牲口，青贮饲料；还有一些12—14岁的孩子会开园艺拖拉机。姑娘们和小伙子们会操作各种各样的农用机械，翻土，给经济作物和蔬菜作物播种，收割。

年轻的朋友，或许您觉得过早地吸收孩子参与生产劳动并不是一件正常的事。我知道，我们的劳动教育体系引起了个别老师的担忧：孩子还有没有时间休息？他们是否会负担过重？我们并不是没有这样的担忧。这一劳动体系并非我们凭空想出来的，而是我们民间教育学几个世纪以来形成的优良传统：孩子帮助父母干活儿，父母的劳动中不能没有孩子的参与；当孩子一学会自己用勺子吃饭，他就开始了劳动，这不是为了在劳动中得到锻炼，而是因为不劳动者不得食。

民间教育学懂得什么是孩子力所能及的，什么是他力所不及的。因为它能把生活的智慧同父母对孩子的爱有机结合起来。民间教育学不担心劳动让孩子疲倦，它认为，不流血流汗的劳动不是真正的劳动。

民间教育学懂得劳动的神奇力量，它给我们打开了获取教育智慧的新途径，这是我们从书本的教育理论中无法获取的。我们相信，只有通过真真正正的劳动，人的内心才能变得柔软、富有同情心。只有通过劳动，人才会获得用心感知世界的能力。作为劳动者的孩子和青少年，同那些不懂何为真正劳动的人看待人的态度是完全不同的。

59

通过劳动塑造人性，让心灵变得高尚

我记得有一个名叫卓娅的姑娘。她的母亲由于疼爱女儿，任由女儿任性。母亲生病了，她得了一种长期消耗人的病，时好时坏。卓娅所在的三年级班级要去第聂伯河畔进行为期 5 天左右的游玩。母亲来学校同卓娅商量给她路途上准备点什么东西。这一天，母亲身体非常不适，但她努力让人看不出她生病。我花了很大力气去说服卓娅的母亲，卓娅不能去游玩：难道可以留生病的母亲一个人在家吗？我把卓娅从课堂上叫出来，对她说："你不能去了。"卓娅号啕大哭。

"难道你可以留下妈妈一个人这样在家吗？"我问，"要知道她病得很重，她费了很大劲才让自己看起来健康点，难道你不担心妈妈的病吗？"

小女孩不解地看着我。

"我又从哪里知道这些呢？"卓娅用冷漠的语气答道，"妈妈又没说她生没生病。"

卓娅明显对她不能和同学一起出游这件事表示不满。理智告诉她，不能留母亲一个人在家。但是情感又默不作声，这就是问题所在。

我不得不用不止一年的时间来唤醒小姑娘的心灵。我首要的教育任务在于让卓娅体会到照顾母亲、为同学服务的光荣。看到她的眼睛中闪烁出人性之光后，我才觉得，现在这个孩子身上有人性了。

如今，卓娅已经长大成人，她已是两个孩子的母亲。她的大儿子上学前班，我们和卓娅一起教育他。

学校培养的是共产主义接班人。在我们所建设的社会中，人和人应当成为朋友、同志、兄弟。只有当一个人为他人的幸福贡献自己的一份力量时，才能在他身上培养出高尚的品质。我们在贡献精神财富的同时也在获取精神财富。人与人之间的关系在劳动中——当一个人为他人创造一些东西时，才能最鲜明地体现出来。劳动是个永恒的概念，因为它是关于人的概念。劳动并不仅仅是去播种、去栽树。最细微、最复杂的劳动是当一个人走到另一个人面前时，能在他的眼神中，能从他的话中读出请求帮助的召唤。这一劳动是人类心灵活动的最高境界。要达到这一巅峰，需迈过最初的一些台阶——为家庭的物质幸福而劳作，创造人们衣、食、住、行所需的物质财富。

60

同家长一道培养未来的家长

这件事只有和家长一道进行才可以。学校所培养的人不仅是一位公民、劳动者，而且是未来的父母、自己孩子的教育者。我们的教师集体力求避免年轻人中出现对待婚姻、爱情、生育的轻浮、马虎的态度。遗憾的是，这种态度还能在年轻人当中碰到。我们会把自己的担忧告诉家长。在家长教育学校的课上，我们会给他们讲述，当他们的孩子快要性成熟时，他们将面临什么样的任务。在教导孩子对待性本能方面，我们努力同学生家长保持一致的立场。当孩子们到青春期时，我们会同他们进行谈话——男老师、孩子的父亲会和男生进行谈话，女老师、孩子的母亲会和女生进行谈话。在学校多年的工作经验使我相信，这些谈话很有必要。可以说，这是对年轻的心灵最温柔、最小心翼翼，同时又很有必要的触碰。我们教导姑娘们和小伙子们如何生活，教他们做人。这一任务只能交给最敏锐、最具人文关怀的老师。

“爱情没有专门的学问，”我们教导学生和家长说，“但做人有。”具有人性的人才能准备好进入高尚的精神心理及道德审美关系，才能制造新生命。爱情是对人性最严峻的考验。当孩童和青少年为他人倾注自己的一份心时，他就在接受爱情的最初考验。

年轻的朋友，我想建议您：在帮助年轻人为他人生中最富有智慧的创造——创造人做准备时，请在他们身上培养不可分割、相互依存的智慧、意志和情感吧。智慧和意志应当是情感——性欲警醒的守护者。请不要相信一些作家和评论家笔下的论断，认为人的情感是无法克制的，人无法控制自己的欲望。这些论断是一些作家和评论家妄图用以极力掩盖性欲放纵和“爱情自由”的轻薄面纱，这种所谓的自由是弗·伊·列宁强烈反对的。

年轻的朋友，请教导年轻人伟大的人生真理：爱首先意味着对所爱之人的生命负责。那些在爱中只寻求欢愉的人是放荡的人。爱首先意味着给予，为所爱之人倾注心血，为他创造幸福。

请让学生终生铭记，男女婚前关系的性质以及精神心理、道德审美因素在这一关系中的比重决定了他们生活中的道德纯洁性。

不要害怕给年轻人讲什么是家庭生活，如何在家庭生活中融入物质因素和精神元素。我们还要提醒他们，感情无法替代对未来家庭物质生活幸福的理性、清醒的思考。有一句古老的谚语说：和心爱的人在一起，棚窝也是天堂。这在当今并不适用。如果缺乏生活所需的物质基础，就不仅不是天堂，反而只有痛苦。我们常常教导年轻人：在考虑组建家庭之前，要掌握一门专业技能，要有工资收入，能够自立。

话语在教育中发挥重要作用。但还需具备其他许多条件，才能让老师的教诲被年轻人听进去。再次强调，只有那些参加劳动，在劳动中倾注善心，感到为他人创造幸福的快乐的学生才能把老师的教诲放在心上。只有当学生快要步入青春期，在少年时代就有重要的劳动道德体验时，老师的话才能抵达年轻人内心最隐秘的角落。老师首先要唤起年轻的心灵，使它体验到为他人行善的快乐，然后再用充满关怀的、高尚的话语去教导年轻人，这就是老师对年轻心灵产生影响的逻辑顺序。在这一影响过程中，积极的精神活动要同话语有机融合。当谈到对未来的丈夫和妻子、父亲和母亲的教育问题时，这种融合尤为重要。学生积极的精神活动同老师教诲的融合源自世上最清澈的小溪，它的名字叫“对女性的尊重”。没有学校和家长的共同努力，这条小溪很快就会干涸，也不再有泉水汇入。

61

培养学生对女性，包括母亲、伴侣的尊重

年轻的朋友，请让学生们认识到一点：一个人神圣的爱国之情是从对母亲的爱开始的。要教自己的学生去观察生活，生活中无数复杂的人际关系会直接告诉年轻人，甚至朝他们大声疾呼：不要袖手旁观，要参与你所看到的事！

寒冷的1月，处处是积雪，我所教的八年级学生好不容易来到学校。他们在学校暖和的走廊里聚集起来，拍打身上的雪花。突然有学生想起来，他家门口住着一位老太太，雪已经下第二天了，不知道她现在怎么样了。他提议：“我们一起去看看她吧，难道我们可以自己安然无恙地坐在暖和的教室里，而不顾大雪已经把住着人的小木屋给覆盖了吗？可能连给老太太端水的人都没有。”

我和学生们吃力地穿过积雪走到了小木屋旁，把门打开。老太太发烧了，怎么办？我们给医院打了个电话。

需要赶紧把病人送往医院。集体农庄提供了车，但是车子没法从院子里驶出。老妇人在不断呻吟、辗转反侧。此时，年轻人目光如炬，我从未见过这种眼神。从他们的眼神中我看到了英勇和乐于助人的精神。我们做了担架，把病人用皮大衣包起来。我们6个人一起抬，其他12个人在前面探路，每走200米换一下。我们做了标记：一些人抬到前面那个雪堆前，接着另一些人抬到另一个雪堆那儿。大雪扑面而来，室外零下20摄氏度，而我们大汗淋漓，感觉不到

寒冷和疲惫。我们花了 5 个小时来到了医院，暮色已降临，终于，我们把病人安顿好，让她住了院。

这一天，学生们真真正正成了男子汉。14 岁的少年迈出了攀登英勇阶梯的第一步。这一天他们永远也不会忘记。现在，他们已敞开心扉，贪婪地从我关于女性、母亲、伴侣的教诲中汲取营养。我一连好几天和学生们一起在宁静的夜走进我们所称的“思想之家”。我感到，高尚的行为能够彻底改变一个人的心灵，为老师的教诲提供沃土，这些教诲在一些情形下就是强大的教育力量，而在另一些情形下说出来就会被当作耳旁风。同样的话，说的是同样的事情……为了让关于女性的教导能让年轻的心跳跃，请让少年们迈向第一个英勇的台阶吧。让他们为女性做高尚的事吧！

我经常教导青少年：孩子，永远不要忘记，母亲是生命的创造者。她赐予你生命，养育你，向你展示世界的美、母语的美，让你明辨是非，知晓荣辱。请你们牢记母亲对孩子及其命运的一切关怀、焦虑、不安吧。孩子心存善念、行善事——这是母亲的幸福所在，孩子们作恶多端是母亲的痛苦所在。每一位女性都是母亲或未来的母亲，她以自身独特的方式深刻体会到在整个人类面前的责任感。母性让女性变得美丽和富有智慧。从女性成为母亲的那一刻起，她的情感就具有了任何人都无法理解的崇高内涵。

62
教师作为教育者应当具备的品质

只要学校存在，康·德·乌申斯基的话就是颠扑不破的真理："教育中的一切都应以教育者个体为基础，因为教育的力量源自人本身这一活的源头。学校任何的规章制度，不管是多么绞尽脑汁想出来的，都无法替代教育者个人在教育事业中的作用。没有教育者个人对学生的直接影响，就不可能有真正深入的教育。只有个体才能对个体的形成与发展产生影响，只有性格才能塑造性格。"

学生是教育者的一面镜子。教育的技巧和艺术在于，教育者要在学生——我们从孩童时期就塑造的，善于思考、感知、体验的个体身上看到自己的影子。"充满人性的人才是受过良好教育的人"，阿·瓦·卢那察尔斯基的话让我们对教师所扮演的角色进行深思。一个人的受教育程度如何不仅是他的知识掌握程度如何，而且是他身为人的全面性如何。教师个人的教育力量取决于他自身作为老师和作为教育者的融合程度。如果我们说，学校通过知识来教育学生，那么知识的教育力量首先体现在教师身上。

然而，教师要对学生产生影响并不意味着把知识从自己的脑袋机械地倒入学生的脑袋。一刻也不能忽略的是，我们在帮助学生认识周围世界时，我们自身作为周围世界的重要组成部分也呈现在学生的智慧和心灵面前。学生在认识世界时，不可能不去认识我们。我们所传授给学生的知识同人的个性密不可分，这些知识同人的情感及体验融为一体。在这一融合过程中隐藏着德育、智育中最难以察觉的一个层面——如何把知识转化为信念。因为学生对待所学知识的态度在很大程度上取决于他对待老师——知识灯塔的态度。热爱自己专业的老师所教的学生也会充满对知识、科学和书籍的热爱。老师的教导不仅包括他所教授科目的内容，而且包括教师思想的感情色彩。只有当学生面对的是深深热爱科学的老师时，他的热情才能被激发。

什么叫对专业的热爱？它的源头在哪里？老师如何通过自身对科学的热爱来教育学生？在我看来，这首先需要他拥有无尽的智力财富。一位真正热爱自己专业的老师，他在课堂上所传授给学生的知识仅占他所拥有知识的极小部分。老师所拥有的知识越丰富，他对知识、科学、书籍、脑力劳动、智力生活的态度就表现得越鲜明。此处的“智力财富”就是教师对自己的专业、对科学、对学校、对教育事业的热爱。

热爱自己专业的老师具备极其宝贵的一项品质：他不仅向学生传授真正的知识，而且会激发学生对知识的思考。所有力求做到这点的老师，都在努力用知识、用自身对专业的热爱来教育学生。他们认为，自身对学生施加影响是通过自己的智慧、清晰的头脑、强烈的求知欲来实现的。只有当课堂上老师在必备知识与超纲知识间架起一座桥梁并带领学生走过这座桥时，他才具备通过自身对学生集体及个人产生影响的能力。我将老师在课堂上给学生所传授的必备知识视为一粒种子，它可以长出有力的思想之芽，结出累累硕果——学生求知欲加强，渴望变得更聪明、更成熟，在精神上更富足。如果结不出硕果，学习就变成了一件死记硬背的事，课堂只是对学生死记硬背知识的检验，学生就会沦为死记硬背的听话机器。我认为，只有当学生渴望获取比课堂上所学的多得多的知识，并且这一求知欲成为促使他努力学习、努力掌握知识的一大动力时，老师才能成为知识的灯塔，并因而成为一名真正的教育者。

在我将知识的种子播撒在培育良好的土壤后，学生就开启了他们丰富的智力生活，从知识的小河游向大海。倘若学生的学习仅局限于课堂、教材、具体哪页的家庭作业，我将不会成为一名真正的教育者，我所具备的知识也不会有教育功效。只有当学生在课后依然燃烧着对知识的渴求之光时，知识的种子才能真正爆发出巨大的思维力量。

要做到这点，首先需要个体去阅读，在书的海洋里丰富自己的精神世界（下文还会再谈到这一问题）。其次是兴趣小组，这是使老师成为一名真正的教育者，学生成为一名真正的被教育者的重要的思想之光。我坚信，没有这一学生精神生活的家园，课堂只是把知识从老师的脑袋转移到学生的脑袋，它将沦为单调乏味的活动。我们所有人——不管是老师，还是学生，都应遨游在科学知识的海洋中。我们会做关于最新科学进展的报告，一起评论学术期刊上的论文。

年轻的朋友，在此我想建议您：您的知识储备、求知欲及对阅读的热情是您个人教育力量永不枯竭的源泉；要善于亲自探索这一源头，并带领学生走近这一源头；要成为自己所教授课程的主导者；让教学大纲和学生教材对您来说是非常基础的入门知识，就像字母表对语言大师来说一样基础；请您不知疲倦、源源不断地补充自己的科学知识；在您的个人藏书里，您所教学科领域内的书要足够多，这样您可以在四五年里的每个月给每位学生一本新书来读（一些学生可能需要每周一本）；去教育与您相互吸引的年轻心灵——与您在爱好、志趣、才能方面志同道合的学生，让每个班都有对您的知识领域感兴趣的学生，让每位老师——语文、历史、地理、生物老师都有自己的追随者。

您的学生对您所教的课程越痴迷，您就是越优秀的教师，您对教育者和老师两个身份融合得就越好。没有教师个人对学生个体的直接影响，几乎无法解决学生才能、兴趣、志向的培养问题。才能只能通过才能，兴趣只能通过兴趣，使命只能通过使命来培养。

需要指出的是，好的教育者是从学生时代开始培养的，只有喜爱孩子、具备极大的教育智慧——能够不断激发年轻人积极向上，让他们渴望今天比昨天更好，激发他们尊重自我的人，才能点燃学生对教育事业的热爱。

我认为，理想的学校应是每位教师都拥有上文所谈到的志同道合的学生。或许，您会产生疑问：如果每位老师都致力于为自己的学生建立起某种意义上独立的精神世界，那是否会削弱全校学生的集体性？完全不必担心，相反，只有每位老师都有他能够产生影响的追随者，才会有作为教育力量的真正集体。

63

作为教育手段的集体的建立及其根基

小学生、初中生、高中生集体都是极其复杂的统一体。学生集体就如有千万条分支的大河。集体是通过循序渐进的方式建立的。基于 32 年对一年级学生生活的观察，我发现，自孩子踏进学校大门起的一段时间内，班里还没有，也不会形成我们所谈论的集体，集体是逐渐形成的。一些观点认为，集体创建的主要根基就是规章制度和组织体系，这种观点在我看来是十分幼稚的。规章制度、责任感、领导与服从是集体赖以生存的重要基础，但若缺乏其他同等重要的基础，集体就不会，也不可能存在。在实践中，一些教育者抱有幻想，认为从学生中选出班干部，再分配职责，提出要求，集体就创建好了。一般来说，在像学生集体这样极其复杂的精神共同体中，把某个要素绝对化是不行的。不容许有万能和绝对化出现：这样做就是好，那样做就是不好。学生集体不是凭空产生的，它是由教师创造的。集体就如一面镜子，它反映了教师的教育理念和世界观。

在我看来，学生集体应建立于以下几个基石之上：思想共同体，智力共同体，情感共同体，组织共同体。

学生集体的形成及其基础的奠定都取决于教育者。一些情况下，集体的要素在学生学习的第一年就诞生了，有时候会晚点儿。集体中一块基石的牢固、稳定与否就决定了其他基石的牢固、稳定程度，特别是组织共同体——规章制度、领导与服从、管理、依存体系取决于理念共同体、智力共同体和情感共同体三者的总体状况。因此，不要急于建立任何的领导与服从关系体系。不要指望班里选出了班干部，分配了职责，一切就会按部就班地进行。

在我看来，集体的创建始于意识共同体，它也是组织共同体的基石。我常常从让学生对善恶是非保持共同的、一致的概念、观点和理解开始来组建集体。要为集体的创建奠定首要根基，至关重要的是，要让孩子们努力行善、为善而斗争，通过集体活动在集体中确立善的信念，同时对恶不容忍、不妥协，疾恶如仇，用孩子特有的决绝和意志力同恶做斗争。您成为孩子什么样的教育者，取决于您能否在学生的思想及心灵中树立起“善是美的，恶是丑的”的概念。我努力让每个孩子都能理解并认识到：只有在集体中才能成为为善斗争的真正勇士；集体共同的斗争可以给人带来巨大的快乐，帮助我们感知自己的力量，感受自身的美；在革命的友谊中人可以认识他人，产生十分重要的精神需求——需要他人、与他人互帮互助的需求。一个人在领导他人之前，应学会主导自己，让自己跟随良知的召唤去行事。而要对良知的召唤保持敏感，首先应对善恶十分敏锐。只有当一个人——哪怕他年龄很小，但已是真正的人——已经有为善斗争的道德体验时，即他曾经感知过为善而斗争的快乐时，他才能获得敏锐辨别善恶的能力。为善斗争的快乐最初只能通过集体共同去创造美好、善良的事物来感知，没有这一点，一个人什么也无法做成。

学生年龄越大，他就越有必要为善斗争，同恶抗争。我们教师团队认为，使每个人在童年和少年时期都能上完集体共同斗争的一课，是非常重要的。这首先需要学生用双手去劳动、去创造、去确立善。教育学生集体时，最糟糕的莫过于“嘴上的热情”“嘴上的疾恶如仇”，实际上却不作为。要知道，我们生活中的恶首先是懒惰、玩忽职守、对社会主义财富无所谓的态度，以及自私自利、庸俗不堪。我们努力使学生在童年、少年时期及青年早期，集体中的成员凭借为他人创造物质财富和精神财富的共同理念和经历而紧紧团结在一起。在寸草不生的土地上种植橡树林，把贫瘠的荒地变成高产的沃土——这种劳动只有集体才力所能及，集体巨大的教育力量就在于此。正是这样的劳动通过共同的信念与情感把人联合起来。集体的思想共同体和情感共同体的基石就是在劳动中奠定的。学生在逐步积蓄力量时，会意识到集体是强大的力量，只有在集体中才能真正认识人自身的美。

年轻的朋友，要善于通过劳动把学生团结起来。在劳动中，一些理念——为他人服务、为他人的幸福而奋斗得以鲜明体现。这种劳动机会就在我们身边，它们随处可见。例如，我们的学生面前有一块空地，他们已对这块空地的存在习以为常，以至于完全没有察觉到这块空地已经变成了垃圾堆。老师要让学生发现这块空地，让他们想在这片空地上种上茂密的小树林，以供路人在炎炎夏日乘凉。请记住，为他人的幸福而进行的集体劳动是真正的思想教育的开端，集体的思想基石和情感基石在这一劳动中得以交汇。但无论如何也不能允许学生在开始某件事之后半途而废，这种习性会摧毁一个人。教师不能允许学生只是嘴上说：这也不好，那也不好，别人什么都比我们好，却不努力去行动来变得更好。空话没有办法锻炼人。集体是在实践活动中、在斗争中、在劳动中形成和巩固的。

集体的另一基石是智力共同体。智力共同体并非指所有人在认知领域都应有相同的爱好。相反，成功的秘诀正在于集体成员拥有不同的兴趣爱好，他们能够阅读各种各样的书籍。智力共同体是集体成员有共同的求知欲，对科学思想、书籍、智者、知识界有共同的尊重精神。我认为，真正的智力共同体，比如由 35 位同学组成的七年级或八年级的班级应是：8 位同学对数学感兴趣，喜爱数学老师，7 位同学的指路明灯是物理，还有 8 位同学痴迷于文学，9 位同学沉醉于生物、土壤学和植物学，等等。这才是真正的智力共同体，每个人都有自己的爱好，有自己的“兴奋点”，每个人都在用自己的兴趣来丰富集体的智力生活。有了个体兴趣的多样性，才有集体智力生活的丰富多彩。少年们在课前聚在一起，或在放学路上争论，想象未来的科技，这才是有益的地方：学生不仅谈论大纲所规定的学习内容，而且渴望学到课堂上未学过的知识。集体能够坚持不懈地丰富自己的知识——这才是真正重要的。集体的这一追求完全取决于历史、地理、数学、物理、生物、文学老师能够成为多么出色的教育者，他们能够在多大程度上通过自己对所教授学科的热爱来吸引学生的大脑和心灵。对集体的这种教育首先体现在教师为深深吸引学生内心而做出的充满智慧的、巧妙的努力。本质上，这需要在学校创建几个学生智力活动园地和中心，每个园地都由充满智慧、热爱自己学科的老师领导。每个中心都有自己的组织形式，例如，在我们学校就是课程小组，但还可以有其他组织形式。

64

让集体成为个体全面发展的路径

人是不可分割的整体（道德、智力、情感、审美和创造整体），但由于集体成员间关系组织形式的有限性，仅在一个集体中寻求作为整体的个人的挖掘、表现与发展方式是不可能的。因此，班级的大集体不可能是团结班级成员的唯一形式，在此框架下，无法完成个体全面发展的任务。一些学生对数学感兴趣，另一些对生物感兴趣，还有一些对文学、科技创新感兴趣，此外，每位学生还会有其他一种或几种爱好：音乐、绘画、木雕等。随着年龄的增长，个别学生爱好的不断发展需要他去参与属于自己的、完全不同于其他同学的活动。个体这些复杂、多维的兴趣爱好和活动都无法在大集体框架下得以实现。上文我们已经谈过，如果一名老师成了教育者，那他不可避免地就会成为集体的中心，在这一集体中，青少年们因共同的智力兴趣而团结在一起。课程小组就是能够保障个体全面发展、最有必要的集体组织形式之一。课程小组可以由六、七年级学生组成，在学生智力生活蓬勃发展的个别学校，这些小组可以纳入五年级，甚至四年级学生。按惯例，这些小组应由同龄人组构，但也不排除七年级、八年级学生和八年级、九年级学生在同一课程小组共同学习的例外。

除了对知识、科学、书籍的兴趣，学生还应有对劳动和创造的兴趣。劳动及与劳动相关的创造是发展个人兴趣、才能、志向的重要领域。我们学校有一些劳动创造小组——技术小组、农业小组等，这些小组也是按年龄原则来创建的，比如由三、四年级，或五、六年级，或六、七年级，或八至十年级学生组成的年轻机械师小组，由一、二年级，或三、四年级组成的青年园艺师小组，由五至七年级学生组成的青年育种家小组等。每个小组成员的年龄段在 8—10 岁或 15—20 岁，这些小组是非常稳固的团队。有些学生小组已经运行 20 多年，一些学生在小组中活动了 2—3 年，就转到更大的年龄组，其他学生就来顶替他们。同智力共同体一样，劳动创造是能够使学生团结起来的有力因素。

不管是课程小组还是劳动创造小组都有自己的物质基础。课程小组的活动基地是思想之家（或书籍之家），在这里，学生会度过最丰富、最充实的精神生活，这是学生同书籍交流的时光，是卡尔·马克思所称的“智力游戏”时光。而劳动创造小组的活动基地是工作坊、实验室和事务之家，青少年们会在这里解决劳动难题（设计、组装等）。课程小组的领导是老师；劳动创造小组的领导既有老师，也有高年级学生。这些小组是保障学生首创精神的重要因素。

此外，还有其他类型小组——文娱小组、文学创作小组、音乐小组、喜剧小组、文学作品阅读小组等。在这些小组中，学生的兴趣得以展现、发展，个体的精神生活因这些兴趣而在审美、道德、情感和智力层面得到丰富。我们的教师集体相信，在这里，学生的头脑和心灵都会受到最敏锐、最温柔的触动，没有这些触动，作为精神统一体的大集体就不会有集体生活。如果学生不积极参与其中任何一个小组，我们就会十分担心。

我们将以上集体称为“艺术文化集体”。我们认为，这一名称很大程度上反映了集体所进行的活动的本质。艺术文化小组甚至吸引了非常年幼的学生。我们学校有两个童话小组，每个小组有 15—20 名一年级学生，这些小组由高年级学生领导。孩子们来到童话之家，在那里，高年级学生会给他们朗读和讲述有趣的童话故事。孩子们会改编一些民间童话故事。对他们来说，最有趣的活动莫过于编一些新的童话故事。

在所有艺术文化团体中，对我们而言具有特别重要的价值的是儿童木偶剧院。这一剧院有超过40名小学生参与（这一团体有3个分组），领导它的是高年级的共青团员。

65

对领导力和服从力的培养以及以高要求为理念的培养

如果学生在许多集体中（远非所有集体）得到全面发展，那么就会出现这种情况：每位高年级学生都是领导者、教育者，许多少先队员都会获得领导经验。这样，学生的领导力就是活动的产物，它是在活动过程中产生的。通常，一个人被选为领导者，是因为他展现出了良好的专业素养。孩子们是很愿意服从这样的领导者的，因为这种情况下的服从意味着今天想变得比昨天更好。在学校里，脱离了积极活动，领导与服从关系就无法成立。此时，非常重要的是，您为了严格教育集体而安排的活动要具有明确的社会公益性。

服从首先是对自我的指示，这一意志行为要求人有很高的觉悟。在青少年时期，甚至是童年时期，一个人只有不仅理解了某一活动的意义，而且理解其情感上的言外之意，他才能理解这一活动的崇高目的（服务于社会、公民的目的总是崇高的）。只有具备情感上的自我服从行为，才会有意志上的服从行为，简言之，只有当孩童、青少年首先服从自己的内心时，他才会自觉地服从同学的指示。尤其重要的是，领导者的意志要建立在高尚的道德、情感基础之上。换言之，领导者要号召集体去参加那些本身就是为他人、为社会服务的活动。我们发现，集体的所有基石——思想共同体、智力共同体、情感共同体及组织共同体之间存在着紧密联系。如果学生在要参加的活动中看到了让他兴奋、使他变得高尚的东西，那他就不会容许自己有不服从领导者意志——命令、要求的想法。因此，我建议年轻教师：

通过劳动的道德和思想财富引导学生服从。让领导者的要求、命令符合学生良知的召唤。让未来的公民在参与具有重要社会意义的劳动时，就能在当下的劳动中感受到公民意识的萌芽，让他用同龄人和高年级同学的眼光来审视自己，让集体在自己的规则、规范和要求中表现出社会理想——我国所有社会主义劳动人民大集体的理想。

我的一年级学生一旦可以分成特定的团体（小组、小队），独自参与社会公益劳动，我就努力让这些劳动具有鲜明的思想中心，让每个孩子不仅能理解，而且能感受到所参与活动的崇高性。

66

年轻列宁主义者的培养及教师在少先队组织生活中的角色

自加入少先队的那刻起，孩子们就开启了他们社会政治生活的新阶段。大集体的老师和教育者的主要任务在于用崇高的公民理想使少先队的生活变得高尚。少先队是孩子及青少年参与公民和社会政治生活最重要的组织形式。少先队集体的生活中，使孩子和青少年变得高尚的，使他们团结起来的，令他们精神上变得丰富的应是比他们个人的兴趣和才能，比对劳动、创造的热爱重要得多的东西。

我们的教师集体认为，少先队组织就是一所培养公民意识的学校，是一所培养苏维埃爱国者社会政治关系的学校。少先队和共青团的主要教育任务在于使青少年的心灵变得高尚，使他们意识到，对每位苏维埃公民而言，最珍贵、最神圣的东西就是我们伟大的祖国、社会主义制度、革命成果、为建设共产主义而奋斗。应当通过在年轻的列宁主义者心中树立的这些神圣的信念来帮助他们构建自己的组织生活。

如何将这点付诸实践呢？首先，要充实孩子和青少年的社会政治生活和思想生活。祖国、亲爱的故土、革命成果、共产党、伟大的卫国战争圣地——所有这些应作为能让人心潮澎湃、最珍贵、最深刻的个人体验走入年轻人的内心。而只有当思想贯穿在事件、行动、相互关系及社会活动中时，上述一切才有可能。

我们学校优秀的教育者历来就关注，在年轻的列宁主义者的意识和情感中，诸多事情伟大、神圣、崇高的一面不被其现实的一面排挤掉。学生在少先队组织的5年间，我们会不断向年轻的列宁主义者宣扬以下思想：老一辈所传递给我们的物质财富和精神财富都是用宝贵的代价换取的，祖国的每一寸土地都沾染了祖辈的鲜血；若没有祖国母亲，我们每个人都是孤儿；只有祖国强有力的双手才是支撑我们的神奇力量；若没有为了祖国的自由和独立而同两千万法西斯浴血奋战的英雄，我们就无法体验到幸福、无忧无虑的童年；我们的神圣职责在于为我们伟大祖国的富强而奋斗，在于了解、珍惜我们最神圣的、任何事物都无法相提并论的祖国。

我们将通过理智和情感来认识祖国视为列宁少年先锋队组织最重要的任务之一，这样才能使每一位未来的公民在认识最珍贵、最神圣的祖国时都能赞美她的伟大、富强，使年轻人内心不断心系祖国：我要做些什么，才能让祖国变得更伟大、更富强？我们努力将年轻人对祖国的认识融入一些积极活动中。

我们会安排每个少先队进行“游览”祖国大地的活动。这种“游览”是通过对祖国人民及自然宝藏进行有趣、激动人心的讲解来进行的，每一次讲解都针对祖国大地的一个角落。我们会在年轻的列宁主义者面前摆放一张地图，孩子们会在心里从自己的家乡一直向东游览。我们会给他们展示一些关于祖国人民劳动和生活的照片及幻灯片，孩子内心就会呈现出各族人民友好互助的美好图景。游览祖国的活动会持续好几年，到孩子们长成少年，准备加入共青团时，游览活动还会继续。这一活动会加深学生对祖国伟大富强的印象。

游览祖国并不仅是要通过理智和情感来认识祖国的今天，而且是要认识祖国的历史。我们会给孩子们讲述祖国各族人民反抗社会压迫及外来侵略者的斗争。“统一大家庭”和“各族人民友爱团结”的情感是对祖国最复杂、最深刻的情感；若不坚信各族人民在共同抵抗外来奴役者和侵略者的剥削上保持团结友爱的伟大和美好，孩子们内心是不会有这些情感的。

要培养学生的这一情感，必须组织充满崇高思想的活动。我们的少先队员同我们国家其他民族的少先队员保持着友好关系。至少有 15 年，我们的孩子同第聂伯河畔斯莫连希纳和白俄罗斯的少先队员保持着友好关系。每年在同一时刻，乌克兰、白俄罗斯、俄罗斯的少先队员会来到第聂伯河畔，种下“友谊之树”。少先队员们宣誓：我们三所学校存在多少年，我们就在第聂伯河畔种多少棵树。

友谊日这天，孩子们会感受到激动人心的兄弟情谊。孩子们的这一情谊因同兄弟民族少先队员的会面而加深。10 年来，我们学校的少先队每年都会派代表去完成一趟令人兴奋的旅行：我们的学生会去白俄罗斯兄弟民族——戈麦尔州科尔缅寄宿学校做客。白俄罗斯兄弟也会一年来我们学校一次。每次会面，孩子心中的深厚情感都难以言表，每个人都有自己的远方朋友。几天短暂的相聚后，孩子们会依依不舍地道别。

我们的教师集体坚信，各族人民的深厚情谊是人内心最细腻、最高尚、最崇高的情感，在这一情感中，有机融合了社会与个人情感。在我们看来，孩子们能把这一情感融入劳动中去非常重要。友谊日那天，每位少先队员都会种下一棵橡树来纪念与同龄人的永恒友谊。随着时间的流逝，橡树苗壮成长。对橡树的照料，就如儿子对母亲的关怀，会让人的心灵变得高尚起来。

每个少先队都有令人难忘的活动圣地，这些圣地曾发生过国内战争或伟大的卫国战争。在这些地方，少先队员会为祖国的英雄竖立一座活的纪念碑：他们会埋下从 200 岁的橡树上采摘的果实。这一活的纪念碑会存在 500 多年，它既可以提醒世人不要忘却英雄，还能给疲惫的路人送来清凉。

从事历史事件追踪工作的少先队员在离第聂伯河不远处发现了一块巨大的、深入地下的石头。据乌克兰反法西斯战争的目击者讲述，有两位苏维埃战士在强渡第聂伯河期间整整一个昼夜守卫在这块巨石旁。少先队员们还发现了许多被子弹击碎的石砾。他们在巨石旁栽了两棵橡树，用以纪念为祖国家园献出生命的两位英雄。经过漫长的寻找，少先队员们终于找到了先烈的家属，邀请他们从遥远的西伯利亚来我们这里做客。加入共青团后，少先队员们会将纪念碑传递给下一届少先队员。

缅怀为祖国自由和独立牺牲的先烈是少先队生活中最重要的活动。少先队员们花了好几年时间成立了“永垂不朽之家”，这里悬挂着在伟大卫国战争前线牺牲的先烈的肖像。陆海空战役参战人员的口述，作为人民的点滴荣光，被少先队员们小心翼翼地记下。“没有人会被忘却，没有什么会被忘却”——这句话成了学生们的座右铭。

67

让年轻的列宁主义者用理智和情感去理解共产党的思想

古老的拉丁文谚语说：用话语去教导，用榜样去吸引。我们的教师集体认为自身最重要的教育目标在于用鲜明的形象和事例让共产主义思想贯彻在孩子们的心中，这些例子是人性之美的最高体现——为人类的幸福而做出的斗争和自我牺牲、对信仰的坚定、对克服困难的决心、对共产主义思想敌人的毫不妥协。我们力求让每个学生在孩童和少年时期因为共产主义真正奋斗的人士而振奋鼓舞。孩子们一系上红领巾，庄严宣誓后，我就会带领他们进行一周一两次的共产主义思想阅读。我们每位教育者都将此视为自己最重要的工作。这是教育者同学生亲密的精神交流时刻，是少先队员的内心坦诚地展现在教育者面前的时刻，不参与这些时刻，教育者就无法了解孩子内心许多隐秘的角落，无法用自己温柔的雕刻刀在“人”这座雕塑上刻出最精美的线条。

共产主义思想阅读活动不仅是对相关书籍的阅读，而且是有趣、生动的讲述活动。我们的活动在多年间已经形成了特定的阅读和讲述主题，主要包括为人类幸福而奋斗的伟大导师——弗拉基米尔·伊里奇·列宁的生活及斗争，以及一些杰出的共产主义战士的事迹，比如捷尔任斯基、斯维尔德洛夫、拉佐、泰尔曼、季米特洛夫、卡莫、伏契克、尼古拉·奥斯特洛夫斯基、尼克斯·别拉扬尼斯等。

在共产党员的光辉形象中，让孩子们深受鼓舞的是他们对信仰的坚定、对敌人和敌对思想势力的决不妥协。每当我给年轻的列宁主义者朗读和讲述共产主义战士卡莫在接受拷问时，哪怕最残忍的酷刑都不能让他发出一句哀号，不能让他请求敌人饶恕的英勇行为时，我看到了孩子们眼中的惊叹之光。这类阅读活动越多，共产主义真理就越能深入孩子们的内心。

年轻的朋友，要格外珍惜孩子和青少年内心对共产主义思想真理及其伟大力量的钦佩和赞美之情。要知道，年轻的心在用理智和情感认识周围世界真理的同时，也会努力去理解这些瑰宝，努力在自己面前树立榜样、明灯，开辟一条光明之路。不要让年轻人内心的永恒之火熄灭——对颠扑不破的神圣真理、对共产主义思想真理的信仰，使他们坚信，为这些思想而奋斗，必要时愿意献出生命是人类最伟大的英勇行为、最伟大的美德。

共产主义思想阅读活动可以点亮学生对神圣、坚定思想，对英勇之美的信仰，只有当学生努力用自身，用自己的行为去表达共产党员光辉、英勇生命中令其赞叹之处时，这一信仰才能燃烧成熊熊火焰。不仅要去做，而且要用行动、用劳动去证明——这是共产主义教育和自我教育的重要准则。我们认为自身的教育任务在于激发孩子和青少年劳动中的崇高精神，这种精神是他们在用理智和情感认识共产主义真理的伟大思想时产生的。如果孩子的生活中存在共产主义劳动，那么通过这种劳动，未来的公民可以证明一些东西，并因此成为今天的公民。我们力求让学生通过劳动证明：

在我们所生活的社会，人与人是朋友、同志、兄弟关系；

自由的劳动人民想在劳动中看到自我，想在双手的创造中留下自身的美好；

通过劳动，并且只有通过劳动，社会主义社会的公民才能树立自己的荣誉和尊严；

在任何朴素的事业中，劳动都可以上升为创作，成为生活中诗意和新灵感的源泉；

每个公民都可以通过自身的劳动使祖国变得更强大。

教育者要使劳动因这些崇高动机而变得高尚，在我看来，对少先队员进行思想教育的技能之一就在于此。

那么，如何将劳动的这一思想性付诸实践呢?

生活中有许多这样的实践机会。我们的少先队员在为他人开辟花园时，每个人可以栽种一棵树苗。此时，劳动就成为一种无声的竞争。每个少先队员都努力为小树的成长贡献自己的力量。

我相信，如果一个人通过劳动树立了崇高思想，他就会成为高尚、坚守原则的人。他就会珍惜这些思想瑰宝，在社会生活中就不会有与他无关的事。这样的人就会成为一名真正的社会活动者，不会讲空话。等他成长为少年时，道德上就已经成熟了。

年轻的朋友，或许您会产生困惑：作者起初谈论的是如何使年轻的少先队员用理智和情感去理解共产党的思想，却把话题转向了劳动。但要知道我们所生活的时代是通过劳动创造的时代。应教导年青一代要先在劳动中保持勇敢。正是在为了共产主义胜利而从事的劳动中，个人才能得到全面发展。

68

让年轻人珍惜共青团员的光荣称号

作为年轻教师的您可能会教授高年级学生。在此，我想基于自己的亲身经历给您提一点建议。

结束一天的工作回到家后，我会打开工作日志，回顾学生的表现，在我面前浮现的是那一双双或聪慧，或爱笑，或欢快，或淘气，或沉思，或忧郁的眼睛。建议您常常与自己独处，享受思考年轻人前途命运时的快乐或不安吧。

请记住，共青团组织是志同道合、情同手足者的组织，他们拥有共同的思想、信仰、价值观、生活态度、对待他人和自我的态度。共青团教育的黄金准则是要努力使年轻人深受以下思想、信仰的鼓舞和振奋，并因此团结起来：我们加入这个神奇的组织——共青团，是因为我们是志同道合的人，随时准备付出一切，必要时愿意为我们的理想、信念付出生命。

共青团员志同道合的关键在于什么？如何树立这一信仰？又如何将其付诸实践？

共青团员内心应在意识形态和思想上保持志同道合。每一位持有共青团员证的共青团员都应感到自己是一位为共产主义奋斗的战士。深受伟大、美好、高尚的思想鼓舞的崇高精神应始于：我们的思想、观点是面向未来的，作为共青团员的我们是为未来奋斗的战士；我们的今天应被未来的荣光所照耀，在这一荣光的照耀下，我们今天所做的一切都具有了光明、耀眼、浪漫的色彩。意识形态上的志同道合就是为未来而奋斗，在这一奋斗中，共青团员内心感到汹涌澎湃。我们一起来回忆下列宁共产党和共青团的光辉历史吧：是什么激发衣衫褴褛、食不果腹的我们同全副武装的外来侵略者殊死搏斗？是什么鼓舞我们在第一个五年计划期间日夜劳动？是什么支撑着我们在开垦荒地初期忍饥挨饿，克服艰难险阻？正是对未来最公正、最美好、最理性、最人道的制度——共产主义的向往。

但如何让共产主义的远景展现在每个人面前？并不是每个人都有机会飞上太空，在22岁完成博士学位论文答辩，成为享誉世界的歌唱家或解出科学家绞尽脑汁多年却无果的文字密码。我们大部分人都不是宇航员和院士，而是农民、畜牧工作者、泥瓦匠、车床工人，那如何让年轻人在普普通通、毫不起眼的劳动中发现伟大的思想，以使每个人都不仅将劳动视为一种谋生手段，而是可以从中看到更多无法衡量的东西？

通往思想上、意识上的志同道合之路就在劳动中，就在那普普通通、乍一看并不起眼的劳动中，这一劳动既可以是人沉重的、烦闷的负担，也可以是一种美，这种美能够激励人为世界创造美，为自身创造美而奋斗。在我看来，共产主义战士的志同道合在于跟随时代的潮流前进，成为未来的领路人，在自己的劳动中展望未来，在双手的辛勤劳作中感受未来。

我记得，在农业集体化初期，我们村的第一位拖拉机手感到多么自豪。因为他踏上了完全未知的领域，打破了生产资料私有制对人的长期束缚，开启了开垦荒地、操纵机器的时代。每年，我都会同14—15岁的少先队员一起，给他们提供建议，告诉他们从哪着手，此时，我都会看到面前第一位拖拉机手雅什格欢欣鼓舞的目光，每个暗自喜欢他的姑娘都称他为“小火苗”。

我们学校共青团成立的初期，一共只有25个人。我们所要从事的劳动，也是我们祖辈多年来一直从事的：种下1公顷小麦，收割麦子，把粮食交给农庄。我们可以再次重复千百年来这块土地上的耕种方式；我们也可以向前迈进一步，按共产主义制度下的耕种方式去劳作。在我们区，风调雨顺之年，1公顷沃土至少产出350千克小麦，有时甚至400千克。但我们立下一个目标：让产量达到700千克。这从未有过，但大自然的潜力和奥秘远远没有被人开发出来。如果小麦的潜能被完全释放，它的产量可以增加一倍。这是一项并不普通的劳动，我们也可以变得不同寻常。共产主义体制下，我们的土地，并不是只有1公顷，而是大片土地达到了这一产量。

我们的劳动确实不同寻常，这种不寻常不仅仅体现在种植特点上，我们所做的许多工作都和其他人在大片种植小麦时的方法不同。这种不同首先是因为这样的劳动涉及了男孩女孩们精神生活的方方面面，它成为为思想而奋斗的方式，这一思想在让我们感到振奋的同时，也将我们联结成志同道合的友爱团体。通过劳动，共青团员们感到他们不再是普通人，不再是基本生存都要向他人索取的人，而是在无人之境铺路的人。

如果一个团队中没有统一的思想，团队成员没有受到崇高的共产主义思想鼓舞，那么团队中的任何组织关系都会变得涣散无力。我想，当我们亲手从粪坑里把粪装到车里，载到田地的那几天，倘若我们共青团中有人拒绝来我们的“肥料厂”，结果会是什么样的呢？若是这样，那么这个过错者就会被批评得体无完肤：同学们会说他是个懒虫，是个四体不勤、娇生惯养的人。所有这些都发自内心，没有刻意为之，因为如果一个人的内心受到崇高思想的鼓舞，它会变得对周围的一切行为感到敏锐，它会理性地守护着，提醒我们，该说什么，该做什么。年轻的朋友，请记住，这也是共青团教育中非常重要的一项准则：不能让心灵沉睡，而要成为良知的守护者。我们堆肥时，男生女生们大呼：真让人受不了。在沟槽里沤好的粪肥变成细小腐殖质，我们把肥料运到地里，像撒种子一样撒到地上，让每一株小麦都可以吸收到养分。我们在学术期刊上了解到，对小麦来说最好的肥料是淤泥。我们在池塘沉积了大概几百万吨淤泥，然后运到地里。冬天下雪以后，我们来到地里，把雪堆起来运到我们的麦田里，用以灌溉土地。春天，我们会给小麦追肥。夏天，每位共青团员都在忙自己的事，一些人在牧场劳作，一些人在蔬菜种植队劳作，还有人在当蚕农，小麦种植成了额外劳动。我们只有一大早或晚上才集合起来，我们用耙犁给小麦行间松土，用以保持土壤水分，促进小麦分蘖。小麦茁壮的茎秆和沉甸甸的麦穗令人喜悦，我们数了数麦穗里的颗粒，收割前称了称麦穗的重量。收割那天对我们所有人来说都像节日一样，我们盛装打扮，每个人内心都欢欣雀跃，但同时也感到不安：我们每公顷会有多少产出？结果大地慷慨地回馈了我们：每公顷产量超出 700 千克。

共青团员们因喜悦而不由自主地聚在一起！所有麦子都被收割称重以后，大家晚上在学校集合，尽管并没有人召集。我们自发聚在一起，一起畅想未来。我们感到自己像打了胜仗一样，我们仿佛登上了一座高峰，展现在我们面前的是在阳光下熠熠生辉的又一座新的高峰。我们畅想：会有一天，我们的土地每公顷产量会达到八九百千克。农业技术会进步，地里会出现新的机械，谷物行间耕作方式也会像甜菜、玉米等中耕作物一样，种子也会比之前大两倍。我们内心因自豪感、因对未来的畅想而激动不已。

69
使每一位共青团员都努力变得更好

受伟大思想鼓舞的崇高精神创造了我们自身的美。年轻的朋友，我们一起来思考共青团教育中的一个真理：应当这样教育年轻人，让每个人都能感受到自身的美，让对精神美的感知滋养每个人伟大的自豪感及公民尊严，让每个人不仅审视周围的一切，而且审视自我。如果一个人不因自身的美而骄傲，他就不会受到良知的谴责，也永远听不进长辈的教导和善意的批评。只有当集体因共同的思想受到鼓舞时，人才会感受到自身的美。

我们朝未来迈出了一步，我们的劳动受到共产主义思想崇高精神的鼓舞。但金玉良言不能常说，否则就会变成老生常谈，像懒散匠人手中的工具一样笨拙。如果每走一步碰到困难就搬出这个“工具”，这将是对伟大、神圣之物的亵渎。比如，共青团员要在似火的骄阳下劳作一天，拔掉田地里的杂草。教育者立马开始苦口婆心：保尔·柯察金在砍柴的时候条件多么艰苦？阿穆尔河畔共青城的第一批建造者承受了多少艰难困苦？教育者不可以用这样的方式进行教育，这样，锋利的工具只会剩下木头手柄，无论如何也无法对年轻人的心灵产生影响。教育者要努力让共产主义崇高精神作为内在驱动力常存于每个人心中，哪怕最锋利的工具也要尽可能地少用，只有这样才能对年轻人产生影响。

但感受自身的道德美并不意味着要自恋。一个人在体验为自己而骄傲的自豪感的同时，他也会感到对自己的不满。他渴望成为更好的自己，否则自我道德的自尊感将无法获得。这是年轻人精神成长中难以捕捉的规律：只有当一个人今天比昨天更好时，当发现同学及自己身上全新的地方后，他想变得更好、更完美时，他才想变得更好。共青团教育中一项非常重要的准则在于让年轻人总是能够在成长过程中不断改变，永不停留在昨天。还有非常重要的一点是，人要意识到、感受到自身的成长。年轻的朋友，要害怕学生精神的停滞不前，害怕他们道德的僵化。不要让一个人在很长时间内感到他无论如何都无法根除自己的缺点。

70

激发一个人不断发展完善自身的道德品质

在我看来，如何激发一个人不断去发展、完善自身的道德品质是教育年轻人工作中十分有趣，但又被研究较少的领域。我们的教师集体制定出一项规则，可以概括为：要让一个人去追求道德美和自我完善，他首先应在旁人——自己同学身上看到这种道德美和自我完善。人只有在对待他人的态度中、与他人交往的过程中才能塑造出自我。正如马克思所言，“人要塑造自我意识，首先他要像照镜子一样关照他人。彼得只有用对待自己的方式去对待保尔，他才能像对待他人一样对待自己”。学会用对待他人的方式来对待自己——集体教育的一项技能就在于此，但遗憾的是，这一点许多教育工作者无论如何都无法习得。

我们坚信，集体教育力量的源泉首先在集体劳动中。在集体丰富的精神生活中，一个人今天才能在自己的同伴身上发现他昨天未发现的地方，才能“发现他人”，并且因此审视自我，对自我进行评价，把昨天的自己和今天的自己进行比较。这是集体精神生活中至关重要的一个方面。教育年轻人时，您要努力让每一个学生在集体劳动中都能在同学的目光中看到受高远目标鼓舞的崇高精神。让哪怕最消极、看似最冷漠的学生在同学的目光中都可以发现自己的思想和追求；让学生永远保持赞美之情，让他的心中燃起为同学而自豪的小火光。要知道，只有做到这点，您才能让学生内心萌生对自我的思索。

因此，在教育工作中，集体通过劳动展现的崇高精神发挥着重要作用。教育者要善于通过让人高尚的劳动将学生的思想和情感结合起来。让每个学生在同学身上发现人性美后，都可以扪心自问：我是否拥有这种美？我是否理解了这种美？我明天是否可以比今天更好？一个人对自我严格要求的程度决定了他的精神面貌，这也决定了他内心对公民勇敢、美好的探索。

71

让年轻的心灵不漠视生活和奋斗

这条建议谈到的是对青少年十分珍贵的东西。在每位年轻的共产主义者的思想和心灵中，都应当具备神圣、珍贵、任何事物都无法比拟的东西。这一珍宝就是我们的祖国，它的强大、骄傲与荣光，其他一切都应在这一珍宝面前黯然失色。

培养爱国主义者和公民是我们共青团教育中最重要、最复杂的任务之一。怎样才能让每一位青少年热爱自己的祖国，把她珍藏于心，让她成为每个人都具备的、照亮其他一切事物的光亮，让每个人借着这束光可以看清周围的一切，特别是他自己呢？

我们将要探讨的是我在心里常常称为对最神圣东西的培养——培养公民的情感。一个人，只有拥有了一颗敏锐、勇敢的心，他才能成为爱国主义者和公民。爱国主义，形象地说，就是思想和情感的交汇，是对祖国不仅是理性上，而且首先是情感上的认知。一个人对祖国的认知始于，身边有人对他来说格外珍贵，他愿意为这个人全心全意地付出。一个人的爱国情感始于他对他人的爱。爱国主义世界观、对世界感知、对祖国的情感源头存在于对世上最珍贵的人——自己母亲的爱。维·格·别林斯基曾言："自然界最伟大、最高尚的存在是人。"那么，这一伟大和高尚的巅峰就是母亲。"爱国主义"的概念源自人类的瑰宝——生养我们的母亲这一形象，这并非偶然。要培养学生对待人类巅峰——母亲的真诚、真心、温柔、关爱的态度是共青团组织最重要的思想和政治任务之一。在对待母亲冷漠、坚硬、无情的人心中是不会有任何美德的；那抛弃埋葬着母亲尸骨的祖国，奔向彼岸的人是丑陋的叛徒。不具备真心、温柔、热诚的人不可能成为爱国者。

年轻的朋友，让我们一起来了解下共青团教育的基本真理：人应当爱人，应敏锐地感受到他人的喜怒哀乐。那么，让这一对人的感知从对母亲开始吧。去想想可以组织多少个义务星期六、义务星期日、活动周和活动月，哪怕就组织一场活动，秘书问共青团员们："孩子们，你们这些天为自己的母亲做了什么？"在此，我建议青少年的教育者：

在我们无比丰富的语言中寻找像露珠一样极其纯净的辞藻，这些话如潺潺小溪，在这神奇的活水中闪耀着人类信仰与忠诚的永恒之美，比如妈妈、亲爱的、喜爱的。让每一位学生把这些美好的话说给自己的母亲听，让他们全心全意对待自己的母亲。

我对孩子们说：

"今天是隆重的一天，大家拿到了共青团员证，同自己的母亲一起分享这份喜悦吧。你们每个人都会拿到一株神奇的苹果树苗，它将会结出不寻常的果子：淡粉色的苹果将会与温柔的朝霞和紫色的晚霞交相辉映。我们把这苹果叫'母亲的苹果'吧。大家像关爱自己的母亲一样去关爱这些小树苗吧。"

这就是真正的思想教育、政治教育和集体教育。在7月一个晴朗的傍晚，一名学生从母亲苹果树上摘下了苹果，把它送给了母亲，这是让我十分欣慰的时刻，我的教育智慧达到了一座高峰。

对母亲的爱似肥沃的土壤，在这土壤里可以绽放出爱国主义之花。为了让这朵花摇曳生姿，每个男孩女孩都应用理智和情感认识我们伟大的祖国。每个人都应感到自己是祖国的孩子，都应因他是祖国千年的荣耀和精神财富的继承者，因他是祖国英雄今天的创造者而自豪。

那么，青少年的教育者应当如何将这点付诸实践呢？

应当在年轻的心灵面前燃起洋溢之词，这些话犹如火炬，可以点亮祖国从古至今走过的曲折又光荣的道路，照亮它通往光明未来的艰辛之路，这样，年轻的公民就可以感受到自己是历经千年的旅者，感受到自己对传承前人的瑰宝的责任，感受到将此瑰宝传递给未来的重担，沿途不丢失一分一毫，不落下为我们伟大、光荣祖国奋斗时所获得的点滴真理。

这些话是关于我们祖国的孩子，他们的名字犹如永恒的明星，永远闪耀在祖国的天空，永远是年轻人的指路星。

或许，有人读完这些，会对此嗤之以鼻。或许，有人会觉得：您有没有过分高估语言的力量？您是不是把理想当成了现实？不，现实就是这样。语言就是带领士兵去打仗的将领，就是触动沉睡心弦的音乐家。教育工作者应知道，去触碰学生的哪根心弦就可以弹奏出美妙的乐曲。在同学生的相关谈话中，我总是去触碰被称作“公民意识”“人性”“忠诚”“尊严”的心弦。我直面每个学生鲜活的灵魂，在我面前呈现的不是某个抽象的学生，而是一双双热情洋溢的眼睛。只有当教育者教育的不是某个抽象的爱国者（也不存在这样的爱国者），而是让具体某个学生心潮澎湃时，教育者的话才能点燃学生的心灵。

以上也是共青团教育法的黄金准则之一。

关于祖国的英雄儿女，我给学生们讲了几十个发生在遥远过去和不久之前、鼓舞人心的故事。孩子们屏住呼吸，认真聆听关于扎波罗热哥萨克人的事迹：敌人活生生地剥了他们身上的皮，用烧红的铁去烫他们的伤口，逼迫他们背叛祖国或默默服从，但他们斩钉截铁地冲敌人说“不！”；谢尔盖·拉佐因其共产主义信仰被敌人活生生扔进机车火箱；我们的两个同胞——英勇的少先队员被法西斯活埋，法西斯通过惨无人道的手段也未能逼迫同胞们透露游击队的任何机密。此时，我看到孩子们眼中燃烧着对敌人的深仇大恨。如果对他们说：孩子们，我们的苏维埃祖国号召我们去为她的自由和独立、荣誉和强盛而战斗，他们每个人就会高喊着祖国去同敌人殊死搏斗。

只有愚钝和道德败坏能阻隔话语通往一个人的内心。话语是为人心灵而奋斗的有力战士。一切都取决于作为教育者的您教诲的意义。有些教导干瘪荒谬、无力贫乏，有些教导有力清晰，正如永恒的明星一样永远闪烁，给路人指明方向。教育者要努力让自己的教导成为学生的指路明灯。

72

用爱国主义思想充实共青团员的精神生活

这条建议谈论的依旧是个体用自身伟大、美好、高尚的爱国主义思想为祖国服务，细腻又复杂的崇高精神，这种崇高精神能够引人深思，让人日夜难安。倘若我 14 岁的学生科里亚、柳芭、万尼亚、加莉亚、吉娜、舒拉执着于寻求人生目标和意义，却不通宵达旦刻苦钻研关于马克思、列宁、亚历山大·乌里扬诺夫、尼古拉·基巴利契奇、费利克斯·捷尔任斯基或尤利乌斯·伏契克的著作，我就无法对他们进行共青团教育。每一位学生深受教育者以爱国主义思想为祖国服务的教导的鼓舞，找到了属于自己的读物，遇到了在祖国天边闪耀的、属于自己的那颗明星。每一个赞美忠于祖国的光辉榜样的心灵在春天的夜晚都沉醉在属于自己的、美妙的书籍中。若没有个体对“我是谁？我是什么样的人？我曾经如何生活？我将如何生活？我能给社会主义祖国做什么贡献？”等问题的深入思考，真正的共青团教育就会沦为空谈。

年轻的朋友，如果您想成为一名真正的共青团员教育者，那就要对您的学生在独处时所做的、所忙碌的、所读的、所想的事情感兴趣。您的学生是否愿意独处？若不愿意，这很糟糕，这就意味着他们没有个人的精神世界，没有个体也就意味着不会有集体。

我们学校有一个教室，我们称为“思想之家”，这里总是很安静。书架上是关于祖国真正爱国主义者的藏书，学生可以从中挑选自己的书，找到自己的那颗指路明星。不让每位学生错过属于自己的那本书——在我看来，这是青少年学生的教育者最重要的任务之一。每次和学生进行关于爱国人士的谈话后，我都能够触碰到年轻人内心深处最隐秘的角落，之后就有学生去了思想之家。亲爱的学生们，祝你们一切顺利！你们会迈向自我教育最艰难的阶段。于是，我第一次看到，在摆放着玫瑰的窗户旁，坐着“蓝眼睛大高个”万尼亚。同学们这样称呼他，因为他虽然只有 14 岁，但身高已超过父亲。我一直为万尼亚幼稚的世界观而担忧，我迫不及待想看到成熟的思想使他的心灵和理智兴奋的那一刻。此时，我看到了万尼亚手上捧着关于尤利乌斯·伏契克的书。万尼亚，成为男子汉吧。把书带回家，去阅读，去思考，让自己彻夜不眠，让成熟的思想令自己激动不已吧。

青少年的自我教育由此开始。

但这只是开始。还需要大量劳动，才能让青少年的精神成熟起来。

73

青少年的精神成熟过程

常常可以听到以下争论：青春是从 14 岁还是 16 岁算起？青少年最好在几岁加入共青团，14 岁还是 15 岁？最近几年，令科学家十分不安的是青少年的早熟现象——身体发育加快，而社会、精神、道德发育迟缓。

我们的教师集体认为，青少年阶段应始于 12—13 岁。如果您想让学生成为精神成熟的人，那就帮他在公民生活的道路上迈出最初几步吧。完全无忧无虑的童年和少年时期是青少年精神幼稚的根源。青少年的生活中应当有一些忧虑，这里指的是对人民、社会、祖国的忧虑与不安。让学生在青少年的初期就对周围的一切感到不安与忧虑吧。生活中任何事物——不管是他身边的事，还是远在天边的事，都不应成为与他个人毫不相关的事情。培养青少年的公民意识是教育者最高的智慧之一。最重要的是，要让青少年们去关心社会，让社会的事成为个人的事。

那么，如何将这点付诸实践呢？

公民的成熟意味着他有想为他人做点什么的意识。这是青少年道德财富最重要的来源。只有在 12—13 岁时就具备道德财富的人才能用理智和情感理解祖国。若不具备，您的教诲就会变得苍白无力，就无法成为鼓励的话语，让年轻的心灵变得高尚，让青少年去思考生活的意义。年轻人若去思考生活的意义，他在学习谢尔盖·拉佐的伟大功勋时，就会审视自我，会在了解他人神圣、伟大的事迹后心潮澎湃。或许，您会听到一些青少年的教育者的抱怨：你在同学生谈论神圣、英雄主义、英勇、自我牺牲，但不知为何，您的话他完全没有听进去……原因在于，年轻人内心只充满了索取的快乐，它本质上非常贫瘠、空洞，缺乏道德财富——为他人创造快乐的能力。

请让青少年逐步积累道德财富吧，从孩童、少年时期就开始积累。当一个人到12—13岁时，往回看，他应看到为他人所做的事并且为之自豪：这是我的劳动成果。这一自豪感正是共产主义思想性的精神力量，是思想上保持志同道合的基础。

学生10岁时，我们决定一起为他人开辟一个葡萄园。我们要开垦的是炎炎烈日下毫无生气的一片斜坡，这是一块不毛之地，但就在这块地上，可以收获几千千克“阳光果实”。我们是这样劳作的：把斜坡上的杂草除净，挖了几百个坑，给每个坑浇上淤泥，施好肥，并按长者的建议添上从一些能杀死葡萄藤害虫的植物根部挖来的土（这是一种民间“植物医学”）。我们把好几百吨土从一处运到另一处，把每株葡萄苗周围用土围上，这样可以避免水流走。对教育者而言，这是一段最艰难的时期，因为单调乏味的体力劳动本身就不是一件快乐的事，不能给人带来任何享受。那是什么激发青少年们参与这项劳动呢？是教育者的话。只有鼓励的话语才能点燃年轻人心中为他人服务的公民意识。我相信充满共产主义信仰的话语的巨大力量。

葡萄藤的枝上长出了嫩芽，我们可以欣赏自己的劳动成果了。此时，我已经不再害怕繁重的体力劳动会摧毁哪个学生的心力，滋生学生对劳动的蔑视心理。我们的劳动才刚刚开始：还要给葡萄浇水，保护树苗不受严寒酷暑的侵袭。

几年过去了，对葡萄园的照料成为让每个人习以为常、具有价值的事。我们和土地的联系越来越紧密。收获了第一批果实后，我们体会到了强烈的公民意识。有老人和孩子到我们葡萄园来，我们给他们分享我们的葡萄。当我们把阳光果实送给病人时，内心激动不已，病人也感谢我们，祝福我们。

这就是教育智慧的又一高峰：让13—14岁的青少年因自己的真心、热诚、人性而受到他人感谢。很难找到比这些简单的话更能鼓舞人心的力量了。学生们因为他人行善而体验到了前所未有的快乐。如今，这些鼓励的话埋藏在他们心中，激发他们不断参与全新劳动的兴奋劲头成了每个人内在的精神力量。我坚信，如今，每个学生不仅能在集体中，而且能在独处时展现公民的自我牺牲精神。

年轻的朋友，这就是在何种条件下社会的事可以变成个人切实的事：当个体的良知不容许他对人漠不关心时。

我们为他人种植葡萄园的田地已经成为学生们进行公民自我教育的田地。学生们的眼睛中具有了公民世界观。世界上也没有与他们个人毫不相关的事情了。这项并不轻松的体力劳动在精神上磨砺了他们，青少年长成了真正的男子汉。我欣喜地发现，当体力劳动到达一定强度时，青少年的思维方式也发生了变化：他们想的是如何克服困难，而不是能不能克服困难。

74

不要害怕困难，没有困难无法对青少年进行思想教育

克服困难的过程可以培养人的勇敢，让心灵变得高尚。此时，人的内心不会冷酷无情，相反，它会变得对他人、对善温柔、敏感，对恶毫不宽恕。

我们给学生开启的生活并不是一帆风顺的。年轻人，特别是青少年应准备好去应对一切，去应对最严峻的考验。教育者要把年轻人培养得足够勇敢和坚韧，以使他们在途中碰到的任何艰难困苦——当然，这些艰难困苦他们应随时应对——都不能让他们惊慌失措、意志薄弱。同肉体的坚韧不拔有关的是精神的坚韧不拔。年轻的朋友，请您检验自己的学生：16 岁的小伙子能否身处严寒中，而且不只是身处，他还需要在严寒中劳作；检验他能否在炎炎烈日下行走 40 千米，然后再劳作几小时；检验他能否忍住半天不喝水。所有这些都应不通过某种刻意的练习来进行。在真实生活中，在日复一日的劳动中会有各种各样的艰难困苦。我们不会告诉小伙子们：你们来锻炼耐力吧。我们会给他们布置一些艰难的任务，这些任务是农庄庄员在他们这个年龄能够完成的：在 1 月的严寒天里小伙子们到田地里去，给拖拉机装满干草，再把干草运到畜牧场。小伙子们觉得，这一劳动的目的不是锻炼，而是为了奶牛可以产奶，没有干草，奶牛就不会产奶了。

如果一个人在少年时期及青年早期能够克服艰难困苦，他将会发现那些娇生惯养、意志薄弱的“妈妈的宝贝儿子”永远发现不了的东西。

75

守护青少年内心纯洁的激情

每当谈到青少年的教育问题时，我一再强调“公民的忧国忧民意识”，这也是我们整个共青团教育学的核心。年轻的朋友，要像畏惧火一样畏惧青少年的冷漠。这是最可怕的毒药，可以滋生出庸俗者和小市民，他们觉得任何事都与自己无关，他们遵循的是自私自利者丑陋的价值观：“事不关己，高高挂起”“我的事就像公鸡打鸣一样，我叫了就行了，管它天亮没亮”。年轻人亲手为他人做得越多，他内心就越纯洁、越高尚。他的心就能感受到他人的喜怒哀乐及社会的不幸及忧虑。青年公民对周围世界的看法也变得求知好问，变得严苛起来，他的性情变得不安、操劳，他高尚的心将永远不会与恶同流合污，不会容忍对社会利益的冷漠态度、对他人自尊心的羞辱。年轻的心会不满，会愤怒，会反抗。它会驱使人去做高尚、美好的事，哪怕有些生硬和莽撞。

请记住，良知驱使下对恶的第一反应和最初动机往往都是最高尚的。不要淹没良知的声音，不要让年轻人高尚的激情被逻辑思考和推理所束缚。成熟的智慧、审慎、三思而后行，这些品质都会慢慢具备。但如果年轻人在发现世界，即经历用内心去感知善恶的艰难复杂过程时并未拒绝恶，那么他的内心将永远不会因为恶而愤慨，不会产生将恶粉碎的激情。请让每一位学生的内心都不怯懦。在评定好人好事上保持睿智，避免草率。冷冰冰的理性会有，但别担心，也会有炽热的心。

有时，生活中所碰到的恶似乎并没有直接罪魁祸首，这恶的发生像是命中注定一样，有人看到它，会同情地摇摇头说：唉，能怎么办呢？又没有什么办法！然后熟视无睹。教育者要害怕年轻人在这种情况下的漠然态度，就像害怕他们的心灵会堕落一样。这种冷漠态度本身存在很大隐患。如果年轻人一次、两次对他人的不幸袖手旁观，认为这不关自己的事，那他将会一直对他人的忧虑和不安持冷漠态度。

请在不幸没有明显的罪魁祸首时唤醒年轻人内心的不安和关怀吧。让永不熄灭的激情在年轻人心中燃烧：面对他人的不幸时我应做点什么，如果我袖手旁观，我就是可鄙的自私自利者。这一热情之火并不是无缘无故燃烧起来的，它的燃烧是因为年轻人对与自己毫无关系的事的忧虑。

雷雨天，农庄的羊群里有20只小羊羔走散了。看来，暴雨让它们逃到灌木丛或芦苇丛里去了；或许，它们陷入了因暴雨而形成的淤泥里。我们的共青团得知了这一不幸的消息。孩子们，让我们一起去找小羊羔吧，要知道它们还太小。我们带了大概3天的干粮就去了一望无垠的第聂伯河河滩地带。我们把小羊羔一只只救了出来，内心充满了喜悦和骄傲。回来时，我们被蚊子叮伤多处，也很疲惫，但感到幸福，孩子们内心成熟了。我将这种集体性行为称作“真诚课堂”。这些课堂能够使年轻人在面对他人的不幸、悲伤、不安时保持同理心，若没有这些课堂，他人的不幸、悲伤、不安只会让他们冷冰冰地回应：没有我们也能搞定。

我所认为的“真诚课堂”并非脱离了周围世界而孤立的课堂。这就是公民生活，就是担忧人类未来命运的维·格·别林斯基所说的“巨大的社会利益世界”。

76

教导共青团员关心公共利益

我曾听过一位分管课余活动的中学副校长的报告。他详细谈论了自己学校的社会学研究室：墙上挂了哪些标语和图画，如何艺术地装扮办公室，怎样把共产主义建设者的道德准则写在一张大纸上，然后用精致的外框裱装起来……但关于如何让马列主义的伟大真理走入并永驻年轻人的内心，他只字未提。当被问到如何做好这部分时，副校长未能答出来。因为学校对社会学办公室有严格的指令，但关于年轻人的心灵却未有任何规定。在我看来，教育领域中，只听从上级指令，却忽视年轻人心灵教育的教育者给教育事业带来的是弊大于利。“真诚课堂”是教育工作所有环节和方式中十分重要的一部分。

一次，我们友爱大家庭（我们这样称呼自己的共青团组织）全体在地里掰玉米：最好的玉米会被装上车，上交国营农业仓库，次一点的会用来喂猪。此时，旁边有个人走到我们跟前，悄悄建议：你们把不好的玉米棒子放在篮子底部，上面盖上一层好的玉米，仓库只检查最上面一层，要知道我们得上交更多的玉米，我们得完成计划……看得出来，此时，共青团员们面面相觑，十分羞愧。万尼亚的脸红到了脖子根，吉娜垂下了眼。那位管理人员走后，学生们僵在那里，我也屏住了呼吸，心想：看你们要怎么做，在我们最初的“真诚课堂”上学会了什么？

“这是怎么回事？！”舒拉小声嘀咕着。

他们再也没有说一句话，毅然决然把最好的玉米棒子装上车。刚才自作聪明建议我们“完成计划”的人又好几次走到跟前，默不作声地看着共青团员们劳动，皱着眉头，没有再说一句话……那些良知哪怕提醒一次去反抗恶、欺骗、不公的人，都会变得对周围现象十分敏锐，会在无所事事中看到恶，不会容忍虚伪和欺骗。

教育者要努力使青少年为集体、社会利益而生活。农业生产有农忙时期，在这一时期，任何一个青少年都不应对繁忙的劳动袖手旁观，不应对劳动人民的心头忧虑熟视无睹。

春天，集体农庄种植了种子作物、蔬菜作物和经济作物。若不及时除草，就不会有好收成。这段时间，农庄庄员一直在思考如何以更好的方式来组织劳动，怎么能有效利用劳动的每一分钟。您作为教育者，应当努力使农业繁忙时期的社会活动能够吸引学生群体加入。让青少年在一些能在很大程度上决定社会福利和经济效益的田地里劳作吧。让学生的劳作不脱离大人们的劳作。要努力协调学生和成年劳动者的关系，使学生所创造的物质财富也被大人迫切需要，使孩子们、青少年们将自己的劳动视为大人的劳动。在学生的集体劳动中少一些程式化、教条主义的东西——我们在履行这一要求的同时，也秉持着对社会利益的关怀精神对学生从小进行教育。

在教育工作中，我们力求让学生们所付出的劳动能为整个社会生产大厦添砖加瓦。这样，1—2 年级小学生在暑假可以集体在田地里劳作几天，给小羊羔准备最好的、最有营养的谷物。他们最后准备了好几十吨高质量的饲料。男孩子们会收割谷物，把它们晒干，储存。4—5 年级学生备好番茄、白菜、黄瓜菜籽。除了他们，农庄里没有其他人做这项工作。孩子们很清楚，如果他们不为社会生产大厦添砖加瓦，这一大厦的建设工作就会搁置。从孩子们劳动生活的最初阶段起，他们的劳动就因能给社会带来利益而变得高尚。

年龄大一点的少先队员和共青团员会完成更重要的劳动任务。农庄每年会给他们分出 10—15 公顷土地，他们会种植小麦、玉米及其他作物。整个农业劳动周期，从耕地到收割再到最后交付储存都由学生们单独完成。

学生们感到自己和成年的农庄庄员一样。共青团委秘书和少先队委员会主席都被邀请在农庄管理委员会会议上做报告，就和庄员分队队长一样。经济利益在学生集体的精神生活中占据重要地位。对集体经济利益的关怀赋予学生集体关系、少先队员及共青团员整体思维方式特殊的色彩。为了使学生的思维成长及成熟，我们不仅关注学生和成年劳动者之间的关系，而且还关注学生集体内部的关系。

77

建立学生集体内部的劳动关系

这条建议中，我们将要谈论的是集体的建立和教育中十分重要的部分，具体指集体内部的物质关系以及对责任、领导、服从、互助、合作、经验交流等概念的阐释。如果缺乏对集体物质财富的责任心，那么任何关于责任感的话都是幼稚的。如果集体内部并没有互助合作、友好交流思想和经验的氛围，那么任何集体就不会，也不可能存在了。

我们学校的少先队组织有自己的小规模机械化支队。这个支队掌管一些机器设备，用以在学校教学试验田的劳作及儿童技术小组中。支队拥有 1 台由老师和高中生组装好的小型拖拉机，少先队员们用这台拖拉机耕种学校的田地和花园。此外，还有 2 台供小学生学习的小汽车、2 台播种机、1 台割草机、1 台脱谷机、几台簸谷机，所有这些在学校组装的设备都专供儿童使用。

共青团组织还有年轻机械师支队。支队选出 1 名队长、2 名助手、2 名机械师，确立电气机械师小组。少先队员和共青团员们说，年轻机械师支队拥有大人用的设备——1 台拖拉机、2 台小汽车、1 台联合收割机、1 台播种机、1 台簸谷机。队长及其助手受支队的委托负责管理设备和维修基地（基地有充电设备、电焊设备等）。他们还负责委任负责某项工作的年轻机械师。对于年轻机械师而言，能够被支队分配工作是件很光荣的事。在允许队员接触拖拉机之前，支队队长会对愿意参加劳动的人进行一系列测试（比如，用车床制造一些机器零件，参加新型设备的设计与组装等）。春夏田间劳作期间，队长会确定年轻机械师田间劳作（在少先队田地和农庄田地）的次序。

少先队和共青团组织中还有两支分队：农艺师支队和园艺师支队。这些劳动集体主要负责掌管试验田、花园、学校的养蜂场、农艺和园艺所需手工劳作器具等。

少先队和共青团组织所获得的经济物质关系经验使他们成为大量物质财富的创造者。我们的少先队员和共青团员负责掌管教学实验田、花园、菜地所得并进入学校内部账户的收入。通过销售水果、蔬菜、树苗赚的钱，学生们收到以后交到会计处。一年内，学生们积攒了一大笔钱。共青团委和少先队委员会将这些钱用于购买乐器、组织旅行等活动。这大大丰富了共青团员和少先队员的生活。

与劳动紧密相关的学生集体内部的经济关系和物质关系是联结学生在不同年龄段集体中的一条纽带。

78

有依据地建立不同年龄段集体

毫无疑问，物质关系、经济关系会催生另一种关系——精神关系。构成经济关系本质的劳动越有趣，不同年龄段学生间的精神关系就越深厚。只有当在同一集体中劳作的孩童、青少年可以操作各种机械设备，掌握了复杂的实践技能，当学生之间存在精神关系时，劳动才会变得有趣。若学生没有劳动热情，缺乏求知欲，不参加以掌握相对复杂的实践技能为前提的共同活动，作为教育手段的不同年龄段学生集体就不复存在。但如果您能把劳动和不同年龄段学生的精神生活有机结合起来，那么您就具备了一种全新的、通过集体影响个体的力量之源。

集体对个体施加教育影响的本质在于，孩童和青少年因共同的兴趣、才能、志趣、志向而彼此吸引。同时，个体的特征也在具体活动中得以展现。不同年龄段集体的教育成效在于，在光辉、正面榜样的影响下，孩童、青少年会意识到他想成为什么样的人，他会努力成为像典范、榜样一样的人。若没有基于有趣、吸引人的劳动而产生的精神关系，学生根本就不会有想成为这类人的想法，更不会被这种想法所控制。

不同年龄段学生组成的劳动集体，也称创造性集体，应是自愿组成。不允许通过任何方式把一个学生捆绑到另一个学生身上。少先队员和共青团员能够敏锐地感知他人的才能、志趣和志向，他们永远不会在机械师支队或农艺师支队中纳入对相关劳动不感兴趣的人。

此外，还有另一种不同年龄段集体。暑假期间，我们的学生通常哪里都不去，因为村里的休养条件是极好的。每条街道、每个“角落”都有民间教育学园地——我们是这样称呼一些民间教育小型学校的。每一所学校的核心都是极其喜欢小朋友的人。他们要么是已经退休的生产老手，要么是年轻的工人、农庄庄员、职工，对他们而言，同孩子们相处是一种快乐和精神上的满足。在我们集体中，我们将这些人称作“民间教育学园地的守护者”。他们的影响是巨大的，因为美只有通过美才能创造，人只有通过人才能塑造。

只有当一个人教育、关怀他人时，他才能被最好地教育。我们的教师集体致力于让每位学生在少年时期就表现出对孩子的由衷关怀。对孩子的体贴、关爱、担忧是青少年集体保持高尚的情感基础。学生在活动中越积极地表达这些情感，男孩和小伙子的内心就变得越柔软、越有男子汉气概，女孩和姑娘的内心就越富有女性气质。

79

努力使学生自己成为教育者

当我们的共青团组织在草原上为人们创建了“美丽角”时，我们生活中突然闯入一位名叫娜塔莎的小姑娘，共青团员们总是亲切地叫她“娜塔洛契卡”。小姑娘和母亲相依为命，她们生活在郊外。3 岁的娜塔洛契卡得了重病，她无法行走了。春天和夏天，母亲会用小推车把她推到枝叶繁茂的苹果树下休息。绿意盎然的院落、苹果树、两只蜂箱、一口井、窝棚里的鹳、一只名叫“帕尔玛”的小狗、帕尔玛所守护的家兔——所有这些构成了娜塔莎生活的整个世界。小姑娘用响亮的，同时又因疾病而略带忧伤的声音请求我们给她带一些她没见过的小野花。我们每个人都很心痛：难道小姑娘不能康复了吗？医生给她看过病，但无法保证她能很快康复，因为小姑娘神经受损严重，这导致她无法行走。小娜塔洛契卡，我们可以怎么帮你呢？

我们竭尽所能地去帮助娜塔洛契卡。我们在她空旷的家里了开辟了一个真正的花园：我们种了枞树和松树，从学校的温室里移植了盛开的菊花，在她的窗前栽了玫瑰。再过一年，小姑娘就该上学了。我们就开始教她阅读和画画。整个冬天，娜塔洛契卡的家里都盛开着花，但小姑娘依然很憔悴、很纤瘦。我发现，吉娜和加莉亚在回来的路上偷偷掉眼泪。我们期待着春天早点儿到来。

春天，核桃树一发芽，草原的野花初放，我们就用推车把娜塔洛契卡推到了“美丽角”。小姑娘惊喜地发现了新世界，这一切对她来说都很陌生：草原山岗上方形成的海市蜃楼、百灵鸟的歌声、肥硕的山雀……学生在“美丽角”建了一个小窝，我们暑假整天都待在这里。草原上清新的空气、散发着芳香的核桃树叶、红通通的番茄、鲜美多汁的西瓜、清脆爽口的苹果——或许，这一切是治好娜塔洛契卡病的最佳良药。她的脸颊泛起了红光，眼睛里闪烁着快乐的光芒。两年过去了，小姑娘可以站起来了。医生说，能治病的不仅有药物，还有愉快的心情。尤其对于娜塔洛契卡的病来说，好心情更有疗效。

学生们连续两年半对生病的娜塔洛契卡发自内心的关怀是他们所上的最好的“真诚课堂”。姑娘们和小伙子们学会了用心去感受、去理解他人的不幸、不安及忧愁，这些是他们用眼睛常常无法发现的。我相信，如果集体能够关心一个孩子，它也会对人类最大的不幸——他人的孤独保持关心的态度。

80

教育青少年不漠视他人的孤苦

在娜塔洛契卡还未能站起来时，发生了一件令学生们震撼的事。一次，我们从森林回家的路上，碰到了一位老妇人，她的眼神若有所思、充满哀愁。在村子里，人们习惯和每一位碰到的人打招呼，不管这个人认不认识。我们向她问候："晚上好！"她回应我们："亲爱的，祝你们健康！"我们从她的声音里听出了哀伤。

"为什么她的眼神如此哀伤？"男孩子中有人问。

"她正承受很大痛苦，但因为什么呢？"

过了一天，我们得知令老妇人痛苦的具体原因，这令我们十分震惊。老妇人的丈夫、3 个儿子、2 个兄弟都在第二次世界大战前线英勇牺牲了。前不久，她唯一在世的亲人——她的母亲也去世了。现在老妇人孤苦无依。

玛丽亚奶奶的痛苦成了我们的心病。我们可以怎么帮助您呢，亲爱的同乡？"我们可以把我们内心的所有温暖都给您，只要您能笑一下。"当我们得知老妇人的悲惨命运后，科斯佳说。

终于有一天，玛丽亚奶奶对我们露出了笑容。当她回忆到自己的儿子时，她笑了。当我们到她家为她种了 6 棵葡萄树和 6 株玫瑰来纪念她的丈夫、儿子和兄弟时，她笑了，随后她流泪了，我们也哭了。至今，我们在这个世界上从未遇见过一位母亲经受如此巨大的伤痛。

我们想帮助玛丽亚奶奶减轻哪怕一点点伤痛。我们用心感受到，不能让玛丽亚奶奶一个人待着，孤独会让她痛苦。我们的内心告诉我们，既不能安慰奶奶，也不能劝他忘却痛苦。她的内心将永远痛苦，直到她去世。

玛丽亚奶奶看到男孩和女孩们会露出笑容。我们每天会到她那里去，在她的“美丽花园”里干活儿。玫瑰花开了，葡萄也熟了。直视孩子们的双眼，听他们叽叽喳喳时，我发现，他们在内心深处似乎对老奶奶充满愧疚。他们为自己的生活而高兴，会大笑，向彼此微笑，朝太阳、晴空微笑，但老奶奶的儿子们却在战争中牺牲了——这就是孩子们的所思所想。“这到底是好事还是坏事？”我想，这是好事。孩子们的这种复杂的、无法用言语来表达的情感，体现了孩子们对为他们的幸福生活而牺牲的战士负有高尚的职责。

学生们内心高尚的忧愁，纯洁、崇高的激情——您永远不会获得这一财富，如果您在孩子已经成年以后才开始培养它的话。在学生年轻时，就去获取、去创造这一财富吧。像珍爱瑰宝一样珍惜这一财富吧。

我再次建议：教自己的学生去看人。让每位学生都学会在他人身上，正如在镜子里审视自身。送给每一位学生这样的镜子，教会他们去照镜子——这是最大的教育智慧之一。如果您想成为一名真正的青少年教育者，请您教自己的学生从这面镜子中发现最细腻、最隐秘、最令人不期而遇的一些东西吧。

81

教育学生不要讲空话

我在这里专门谈论这点，是因为空话可以腐化一个人的心灵，正如蛀虫可以吞噬一个集体一样。讲空话的集体不会也不可能形成思想共同体。讲空话就如不负责地把自己手里的武器弄得铛铛作响，把它变成玩具，就如一个人心灵上被“解除武装”。

同时，要害怕谎言和虚伪带来的危害。让学生在孩童及少年时期就对诚实习以为常，根深蒂固：让习惯于实事求是成为一种性格、天性，教育学生对夸夸其谈、花言巧语、自吹自擂等行为不妥协、不容忍。

那么，如何将这些黄金准则付诸实践呢？这里我们再次谈到自我教育的问题。如果老师的教诲能够永驻学生心间，如果它不流于形式，那么它就会成为学生自我教育的有力手段。请您教导学生不要为了好听而言而无信、大言不惭。我总是这样教导自己的学生：如果您想完成一件事，但又不确定能否完成，那就永远不要说，我保证可以做完；最好说，我愿意并且会竭尽所能地去完成。那就这样做吧，不管有多艰难，都要去达到既定目标。那就不断尝试，为的是不在人前羞愧。

请您不要忽略，自我教育的过程永远不会一帆风顺、毫无困难。能够战胜自身的弱点就是最勇敢的胜利了。作为青少年的教育者，请您牢记：实事求是首先是对他人，同时对自己、对自己的良知诚实；是对自我实事求是的评价：我能做什么，不能做什么，我如何抵达自我完善的高峰，抵达高峰后，我有权说：我是自己意志的主人。能够对以上方面进行实事求是的评价是保持实事求是和诚实的基础。

能够准确反映生活的实事求是之镜是通过劳动磨砺出来的。请您努力让自己的思想和言论因行动和劳动而变得高尚，让言论背后永远有巨大的行动来支撑。需要再次强调，教育事业中的方方面面都是彼此关联的。实事求是、诚实、对谎言和欺骗的不容忍态度源自劳动这一伟大真理。难怪有一句古老的乌克兰谚语说：谁说话讲诚信，谁的双手就磨出茧子。劳动者的内心会抵触谎言和虚假，会因此愤怒。真理之源在为了共同福祉的劳动中、在为他人创造的快乐中、在克服困难的过程中。所有事情做起来都轻而易举、唾手可得的人，思想也会很轻浮。人的思想应当如粗壮的橡树枝干一样坚固，像箭一样锋利，像火一样明亮。事实的毋庸置疑、思想的坚定不移、真理的颠扑不破就如一汪泉水，它的源头在于“困难”。青少年应当亲身体验什么是困难。经历过困难的人都会信守承诺，无法容忍讲空话的行为。

82

教导学生对自我进行教育

科学地构建共产主义教育过程所提出的最尖锐、最迫切的问题之一是个体与集体精神财富间的相关性问题。倘若每个个体都只是索取者，集体生活何来精神上的充实与丰富？倘若不搞清楚补给集体精神财富的小溪源自何处，集体又怎能谈得上是个体的教育者？倘若每个个体在与同伴的交流中并不推心置腹，那么集体就会变成一盘散沙。个体与集体是一枚硬币的两面。若没有对个体的教育，就不可能有作为个体教育力量的集体；若没有个体的自我教育，就谈不上对个体的教育。我所理解的广义的“教育”是个体教育与集体教育的有机结合。在个体教育中，自我教育发挥主导作用。

教育一个人就意味着要培养他的严于律己精神。只有当一个人不仅不需要被人引领，而且可以把自己托付给自己，为自己负责，树立起自己的生活立场时，这一点才有可能。

那么，如何将这点付诸实践呢？

要教育一个人从小就认识自我，对自我进行教育。关于自我认知的理念，伟大的思想家和艺术家费·米·陀思妥耶夫斯基有过精彩的论述：“要发现自我，自我约束，自我克制。”情感的培养、思想和意志的自律、性格的磨砺及平衡——所有这些都是一个人在认识和控制自我时应当亲力亲为的。

自我教育需要非常重要、强大的动力——个体的自尊感、对自我的尊重，个体想今天变得比昨天更好的愿望。只有当一个人的内心对他人细腻、充满关怀的影响方式——金玉良言、建议、温柔或责备的眼神保持敏感时，自我教育才有可能实现。如果一个人习惯于粗鲁，只对他人的“语言暴力”、斥责、强迫做出回应，那么就谈不上自我教育了。从本质上讲，自我教育的前提是人对人的信任、对个体人格和尊严的关注。对自我教育的指引首先需要彼此相互信任的师生关系。

基于多年的工作经验，在此我向诸位教育者提一条具有可操作性的建议：学生的自我教育需要您具备一定的教育作风。在您所教的学生集体中，应有一种平和的氛围，不应有大喊大叫、歇斯底里。如果教育者时不时冲哪个学生发火，如果他要通过对学生大喊大叫、因一时的激怒而惩罚学生、极力斥责学生来“发泄”自身的不良情绪，就谈不上自我教育了。一个人被斥责、惩罚得越多，他就对他人的金玉良言越不敏感，他发展列·尼·托尔斯泰所称的“好好反思”的能力就越弱。

我深信，真正正常的教育是不会惩罚学生的。我的这一观点不是源自书本，而是多年的实践成果。需要补充说明的是，这里指的是对孩子的惩罚。一切都建立在惩罚基础上的地方是没有自我教育的，缺乏自我教育，根本不可能有正常的教育。原因在于，惩罚已经使人不再受到良知的谴责，良知沉睡的地方是谈不上自我教育的。受到惩罚的学生会觉得：对于自己的行为，我没什么可反思的，我就该被惩罚。

我们学校曾发生过一件事。10 岁的科斯佳，三年级学生，用弹弓射麻雀。把麻雀射伤以后，他抓住麻雀，蹂躏它。于是，老师惩罚了这个男生：禁止他 3 次和全班同学去森林游玩。第二次游玩前，全班同学都迫不及待地期待着这次有趣的旅行，而科斯佳却闷闷不乐地坐在课堂上，牛头不对马嘴地回答老师的问题。等同学们都去了森林以后，小男孩一个人留在学校里。他在一个草棚屋顶又捉了好几只还未长出长毛的、可怜无助的麻雀幼雏，把它们放在了老师的抽屉里。过了一天（去森林游玩是在周末前），老师打开抽屉时，发现了幼鸟，它们已全被闷死。

那么，如何解释这一残忍行为呢？为何惩罚的结果常常是孩子变得更坏了？因为“暴力”的影响手段会使孩子丧失思想、深思和反思能力。被惩罚后，孩子想的不是自己不道德的行为，而是老师的惩罚；他本质上已经忘记自己的不良行为，但教育的逻辑正在于让孩子能够反思自我。结果就是，孩子不能很好地思考。他感到很委屈，他的内心积下了恶。此外，如果老师的惩罚中哪怕有一丝不公，那这恶所沉积的雪山就会突然崩塌。

我认为，正常的教育应是这样的：孩子不会犯严重的道德错误，但他会犯一些“微小的错误”，会把这些错误放在心上，会受到良心的谴责，这才是最重要的。教育的艺术在于杜绝严重的过失。那如何杜绝呢？首先，教育者可以私下同孩子进行谈话。

83

掌握同学生进行个人谈话的艺术

请您仔细观察孩子们，认真思考他们的言行举止，思考他们对待彼此、对待父母、对待作为老师的您的态度，您就会发现，孩子们具有本能的精神需求，他们渴望在您面前袒露情感和思想、对您敞开心扉。

但您要知道：只有当您从不请求或要求孩子去克制、束缚自己时，他才会对您敞开心扉。如果您希望，比如，学生家长可以逼自己的孩子变好，并且学生知道您的这一期待，或者您甚至特意告诉他自己的期望，那么一切就会变得糟糕：不用说自我教育了，您的班里连正常秩序都不会有了。您应当找学生家长，应当和他们谈谈，但您的学生永远不应产生以下想法：老师把我最亲近、最爱的人变成了我最怕的人。总体上，教育中不允许出现孩子将人看作可怕的东西。教育应使孩子不怕家长、老师，而是爱他们，让孩子有所爱之人。但只有当一个人能够驱散孩子内心的不安及慌张，安抚他，帮他树立自信，能够守护他内心面对他人粗鲁、不经意地触碰时最脆弱、最敏感的地方，首先是他的自尊心时，孩子内心才会对这个人萌生爱意。

我非常怀疑，如果教育者并没有受到学生的喜爱，那他怎么能指望得到学生的信任，被学生坦诚相待呢?

此外，我还想建议：请您不要拒绝孩子所谓的抱怨，不要觉得孩子所有的抱怨都是在讲别人坏话，就像我认识的一位老师所说的，所有抱怨的孩子都是“爱哭诉、讲别人坏话的人”。事实并非如此，请您善于倾听学生的抱怨。从总体上讲，善于倾听孩子内心是极高的教育艺术。缺乏这一艺术，就不会有，也不可能有自我教育。

您做到了让学生愿意找您，在您面前敞开心扉。要知道，对幼小心灵的触碰应当是十分温柔、小心翼翼的。只有温柔和小心翼翼才能使您同孩子的谈话能够激发他对自我进行教育。请记住，如果学校里是友爱互信的氛围，那么当孩子心烦意乱，当他无法搞清心里怎么了，当他不知道真理何在、应当怎么做时，他就会向您寻求帮助。请记住，在孩子焦虑不安的叙述中，您可能听不出他存在以上困惑，但您要善于在字里行间读懂他的困惑。要守护孩子向您吐露的秘密——这是关于教育和自我教育的教育学中的一项基本准则。要知道，当孩子向您敞开心扉时，他告诉您的是他内心最艰难、最复杂的东西。您听到的或许是学生的不道德行为，是似乎需要大人立马进行干预的同学关系。这种情况下，您要保持耐心，要用智慧的理性控制住内心的怒火，同时要让自己的理性具有温度。请记住一点，惩罚永远不应成为您同敞开心扉的学生间谈话的结果。最伤害幼小心灵的一类惩罚是将属于特别私人、内心的东西公之于众。

再次强调，如果您的学生感受到了痛苦、不幸、悲伤、委屈、不公、惶恐，那么他想去跟让他尊敬、喜爱、信任的人吐露情感和想法。但每一个诚实、内敛的人在这种情况下都会感到拘束。您要善于通过孩子的眼睛判断他内心最细微的活动。要和孩子单独进行谈话，谨慎地使用一些话，这些话可以巧妙、机智、委婉地促使他对您敞开心扉。

如果学生能对您敞开心扉，这已经是教育工作中的很大成就了。接下来的工作在很大程度上取决于学生是如何看待和感受您对他心灵的触碰的。

我坚信，如果学生不同老师分享自己的喜怒哀乐，不在老师面前敞开心扉，那么无论谈何种教育都是极其可笑的，完全不会有任何教育可言了。孩子在喜爱的教育者面前袒露内心——这是教育者同学生思想和情感的彼此促进过程。一个人在用语言表达自己的心灵创伤时，他首先是在让自己的情感变得高尚:

他原始的情感会被更细腻、更崇高的情感所替代。这种情况下，他就在控制自己——这正是对自我教育的巧妙激发。因此，和教育者充满信任的交谈可以让他轻松许多，感觉好很多。欢乐分享会加倍，痛苦分享会减半。一个人在敞开心扉，吐露自己的情感和想法后，他会觉得自己可以调整自我感受，对自我施加影响。

令人心痛的是，我们学校还有个别学生，他们选择独自承受无人分担的痛苦。他们内心麻木、空洞。每当我看到愁眉不展、封闭自我的青少年时，我的内心都会颤抖。对他们而言，最可怕的痛苦是自我贬低感：别人学习起来就很轻松，而我什么都没学会，我就是个失败者，这就是我的命……这种痛苦在他内心深处日复一日地累积，它压抑、束缚人的内心。青少年渴望同人诉说自己的痛苦，但他却感到难以启齿，所以选择沉默，在家沉默，在学校也沉默。年轻的朋友，请您仔细观察一些学生，帮助他们摆脱无法承受的痛苦吧。您首先要给他们带来快乐，使他们能够在学习上看到自己的进步，并为此而自豪……

如果您和学生成了朋友，你们彼此信任，您从不给学生带来悲伤、痛苦等不好的感受，那您在道德上完全有权利教学生进行自我教育，您的教导将被学生视为充满智慧的人生经验。

此外，还需要一个条件，没有它，自我教育也无法实现。形象地说，这一条件存在于老师和学生的意志之间，它将教育和自我教育联结为一个统一整体。这一条件就是学生要意识到自身的成长；要认识和感受到他今天比昨天更好，他的内心有人性之美，并且这人性之美的有无在很大程度上取决于他自己，取决于他的个人意志。学生在对自我成长的认识过程中，最佳伴侣是自重和自尊心。学生越自重，他对您的道德教诲和自我教育教导就越敏感。学生若不自重，他就会对您的教导和建议置若罔闻。

那自重取决于什么？如何培养？年轻的朋友，请记住，这是非常脆弱的东西。对待它应当特别小心翼翼，就像对待玫瑰花瓣上颤动的露珠一样。我们剪下这朵花时，并不想抖掉花瓣上闪闪发光、晶莹剔透的水珠。培养学生自重应通过温柔、细腻的方式。自重的培养是不容许老师诉诸“暴力”“专制”手段的。我将自重称为学生的一种素养，这是一种温柔的内在力量，它可以增加思想、动机、意图的纯洁性。当我们培养学生自重时，我们在从事学校中最有趣、十分值得关注，但遗憾的是又很少被研究的工作——孩子的脑力劳动，准确地讲，是这种劳动在情感领域的体现，是智力感。对自我的尊重源于明快的智力感，源于认知的快乐。而明快的智力感中又蕴含着孩子智力的源泉。假如一个人在学习过程中始终情绪低落，那他就会对自我产生冷漠、无谓的态度，就更谈不上自我教育了。教师作为教育者最重要的任务在于守护年轻心灵中明快智力感的火光，不让这火光熄灭，因为再次点燃它是很难的。

因此，如果您的学生尊重自己，珍惜您对他的评价，那么用于播撒自我教育种子的土壤就已经耕好了。您就可以教导他如何进行自我教育，您的教导也不会沦为空谈了。

自我教育涉及以下领域：道德、劳动、学习和体育。这几个领域彼此相关，因为整个自我教育的过程是大脑和心灵复杂活动的统一，是情感和信念的统一。

84

激发学生在道德领域进行自我教育

要激发学生对自我进行教育，最重要的驱动力是教他认识到自己是作为个体生活在人群当中。他人每时每刻都能看见我们，甚至我们不在的时候，他们也可以感受到我们的存在。我们在物质世界所接触的万事万物都会保留我们的痕迹。但我们能留下的最显而易见、永不磨灭的痕迹是在同我们交往的人身上。真正的人不会对他人的看法和评价持无所谓的态度。请记住，无论我们做了什么，身在何处，总有眼睛在看着我们。在一个人的生活中，最丑陋、最卑鄙的事莫过于道德败坏。试想，一个美丽的姑娘花了整整一个小时梳妆打扮，她想让自己看起来漂亮，因为所有人都能看到她的妆容。但她的脚却脏兮兮的，但她一点也不担心这点，因为脚上穿着袜子。道德败坏也是如此，正如民间道德观所评价的那样：人前道貌岸然，人后卑鄙龌龊。

请教导学生在道德问题上严格要求自己吧，教他们很好地控制自己。从孩子入学的第一天起，我们就教导他：当你独自做某件事时，要知道你在这个世界上最爱的人——你的母亲此时此刻是怎么看你的。如果你做了不好的事，抱着没有人看见的侥幸心理，那你就错了。你的不良行为会让母亲心痛。母亲可以从你身上感受到，哪怕她没有看见你的所作所为。她和你心有灵犀，哪怕她并没有和你在一起。你回到家，她通过你的眼神就能判断出你做了不道德的事。

因此，你最好立马把自己的不道德行为告诉她。更好的是，不要再做坏事。请记住，你的母亲永远在看着你。

需要再次说明，孩子对以上教导的敏感与否取决于他的整个精神生活体系。老师首先应使真诚、同情、对母亲的关爱成为孩子精神世界的主要特点。这是孩子对自我进行教育，让良知警醒地守卫行为的必要条件。我们从基本的道德素养开始来教导学生对自我进行道德教育。您的学生怯怯地回头看了一眼，没人，就从玫瑰花丛中折了一枝花，这种行为已是道德无知了。学生从一个哭泣的孩子旁边经过，并没有去问：小朋友，可以帮你什么吗？这就是更糟糕的道德冷漠了。历经多年，我们的教师集体研制出一整套自我道德教育方案。这一方案对处在道德关系中的学生提出了一系列要求。分别是：

（1）请记住，世界上有一些东西，任何其他东西都无法与之相提并论。这首先是我们的祖国，养育我们、赐予我们生命的大地。

（2）请记住，你生活在人群当中。你并非你所认为的那样，而是人们所认为的那样。如果你所看到的自己是巨大的，而别人看到的你是渺小的，那你就是渺小的。你要勇于承认这一点，要克服自己身上渺小、微不足道的地方，成为真正的人。

（3）真正的人是那些独处时，也不做坏事、不做卑鄙无耻之事的人。当你独处时，让良知成为你行为最严苛的守卫者吧，让它永远铁面无私、刚正不阿。

（4）当你为他人行善时，你就获得了无价之宝。为他人福祉而活的人是最富有、最幸福的人。请记住，世界上有衡量财富、美好、伟大的统一标准，那就是人。你在让他人变得高尚的同时，也在让自己高尚。人都有生死，如果人在死后可以给世上留下点什么，那就是为他人行善。

（5）人类美的最高化身是女性。女孩子不仅是你的朋友，她们也是未来的母亲。爱护她们的美，爱惜她们的健康就等于关心整个人类的美和伟大。假如为了帮助女性需要你付出生命，那就去吧，不要偏离人类忘我精神的正道。

（6）人自身有许多弱点，其中最可怕是：善恶不分、懒惰、口是心非、阿谀奉承、曲意逢迎、缺乏信仰、对谎言的默许；固执己见、自高自大、自吹自擂、好撒谎、独处时的卑鄙、在所有人都反对朋友时弃他而去、不相信人性本善、虚情假意、幸灾乐祸、对弱小无助者的残忍、贪食、暴饮暴食、吝啬。请记住，任何缺点都是从小小的种子发展成极其严重的缺点的。请你首先不要容忍自己身上的弱点。要学习他人身上令你称赞的地方，永远不要做他人做过的，让你憎恶、鄙夷的事。要欣赏自身的美，憎恶自身的弱点。要知道，脓疮永远都是脓疮，哪怕它是你身上的脓疮。只有自私自利者才会爱自己身上的弱点。

（7）如果你发现自己身上有这些弱点的萌芽，请不要对自己留情。请铲除这一弱点的根：用劳动去消除懒惰；用关切和担忧去消除善恶不分；用原则性去消除口是心非；用正直去消除阿谀奉承；用随时准备捍卫真理，哪怕全世界都在反对你去消除曲意逢迎；用思想独立去消除缺乏信仰；用反抗和争辩去消除对谎言的默许；勇于承认错误，愿同帮你纠正错误、坚守真理的人成为志同道合的朋友，用此去消除固执己见；用谦虚、不必要时不谈论自己去消除自高自大；用马克思所高度评价的人身上的简单、自尊去消除自吹自擂；用惜字如金去消除空话；用对谎言的不容忍、处处讲究实事求是去消除爱撒谎；用坦诚面对自己的良知，就像面对最铁面无私的法官一样去消除独处时的卑鄙；用随时准备为朋友挡枪去消除在所有人都反对自己的朋友时弃他而去；用永远相信人性之美的伟大和力量去消除不相信人性本善；用坦诚和实事求是去消除虚情假意；用悲悯去消除幸灾乐祸；用人道去消除对弱小无助者的残忍；用节制去消除贪食和暴饮暴食；用慷慨去消除吝啬。

（8）如果你亲眼看到恶时，你的意识深处有一种想法在骚动：这关我什么事？要知道，这是人本能的声音，它呼唤人去保全自己的生命。但请别姑息自己的本能，驱逐它，不要纵容自我保全本能的召唤。

请记住，你是人。如果你第一次对恶熟视无睹，你将永远对它熟视无睹，你就会变成面目可憎之人。

（9）人类有许多高尚品质，但有一种品质是人性的巅峰，这就是自尊心。

当你成为为真理而斗争的胜利者时，当你不得不承认自己的错误时，请你昂首挺胸。

（10）世上有些东西是任何东西都无法比拟的。位居首位的应是我们的祖国，赐予我们生命、荣耀和尊严的大地。如果你正在经历艰难的绝望时刻，如果你心烦意乱，如果你不知道该怎么做，那请你想一想在这些情况下祖国会要求你怎么做。祖国号召你怎么做，你就怎么做。

自我道德教育的本质是什么?

自我道德教育中，除了要有积极向上的愿望、内心高度的敏感和细腻，特别重要的还有我所称的“对人性的认识”。人在认识周围世界时，也应从小就认识人——认识他的思想、情感、最细腻和最复杂的内心活动、他的追求与激情。教育和自我教育的统一始于，当一个人在认识人性时，他也在认识自我，用旁人的眼光审视自我。教育技能中，最复杂的就是教师对他人的讲述。我会给每一届小学生讲述一位勇敢无畏的苏维埃战士，他在第二次世界大战期间在敌人的战场上用自己的胸膛保护了一位小女孩的生命；给他们讲述我们的两个同胞、年轻的爱国主义英雄，他们落入法西斯的手中后，绝不透露游击队的任何秘密，不背叛自己的战友，因此惨遭迫害，被敌人活埋；讲述尼古拉·加斯捷洛、卓娅·科斯莫杰米扬斯卡娅、亚历山大·马特洛索夫等人的光辉事迹；讲述在苏维埃大地耕耘了 50 年、60 年、70 年的杰出劳动者。

我坚信，通过理智和情感对道德的认知应不仅包括对美的赞美，而且应包括对恶的愤慨。我从世界文学经典作品中选取了一些作为人性弱点化身的人物形象，给学生们讲了埃古、伪君子戈洛夫廖夫、格普塞克、泼留希金等人物，用以激发他们内心深处对恶的不容忍、不妥协。对人性坚持不懈的认识有助于人在孩童时期就能感受到道德在日常生活常见情形和关系中的含义。孩子在认真思考人性的同时，他会努力追求善行，善行会让他体会到道德上极大的满足感和十足的快乐。这些情感同时也会加强他对善恶的敏感性和灵敏度，激发他对一切贬低他人行为的不容忍。对于教育和自我教育而言，极其重要的是要使人在幼年时就能在同恶的斗争中展现自我，表现出原则性，体会到善的胜利，理解并感受到自己对这一胜利的参与——自己取得胜利，并因此而喜悦。

对自我教育的激发需要教育者用话语对学生内心最隐秘角落——人格、尊严、高尚十分巧妙地触碰。请您去理解、感受学生内心需要碰触的时刻。这一时刻的到来是当孩子面前出现两条路时：选择第一条路，就要与恶妥协，对恶熟视无睹；选择第二条路，就要同恶斗争。对于孩子来说，第二条路的选择常常意味着需要耗费他巨大的心力和道德力量，尽管从成人角度来讲，生活中的这些情形并不是特别复杂。

85

通过劳动和学习激发学生的自我教育

要在劳动和学习中激发学生对自我进行教育，这首先需要学生所在的学校和家庭中充满劳动氛围。如果学生不管是在课堂上，还是在家里都无所事事，那这会把老师通过劳动进行自我教育的宝贵教导变成空谈。

存在一些对各个年龄段学生都具有普遍意义、同等价值的教导。我们教师集体将这些教导归纳为以下几点。

（1）请记住，人若不劳动，就会沦为丑陋、卑鄙的存在。

（2）有句民间谚语说：一个人可以通过他种的小麦麦穗来判断。你正是通过自己的劳动来展现自我。你亲手栽的树就是你、你的勤劳和技能的体现。你的练习簿也是你、你的劳动、你对父母的责任的体现。

（3）上学期间，你会向长辈借债来满足生活所需。父母供你衣食住行，为你提供书籍和直观教具，让你能够好好学习，为以后参加劳动做准备。你的职责就是尽可能早地参加生产劳动，帮助家庭，赚钱来替父母给自己购买衣物、教材。

（4）要知道，劳动并非易事。“труд”（劳动）和“трудно”（困难地）两个单词是同根词并非偶然。没有汗水、疲倦，没有肉体和精神的紧张劳作，劳动将无法想象。劳动不可能和游戏、消遣、娱乐一样有趣。劳动的趣味性在于，人在将脑力、智慧、紧张的双手投入劳动时，他也在创造有用、美好的事物——生命和美，在事物中确立、表达自我。一个人可以生活七八十年，但是他亲手栽种、呵护的橡树可以活到700年、1000年。让自己处于劳动中吧，你会感到幸福的。

（5）从劳动的一开始就预想它的结果吧。不要害怕劳动的枯燥无味，不要因为今天、明天，甚至连续一个月都做的是同样的事而远离劳动。劳动就如攀登高峰，若不走过艰难的、令人筋疲力尽的坎坷之路，就无法抵达闪耀的顶峰。

（6）劳动使人成熟，勇敢。从6岁就开始参加需要持续好几年的劳动吧。让自己在10岁时，回顾过往，可以看到自己的劳动成果——结出果实的树、曾是不毛之地的沃土。只有当你亲自劳动，亲身体验流汗和劳动的疲惫，双手磨出茧子后，科学的智慧、知识的光芒才能真正呈现在你面前。

（7）劳动是动手能力和大脑智慧的有机结合。只有当你学会克服劳动中的困难时，学习对你来说才是一种劳动，你在掌握知识的过程中才能控制自己。只有那些善于在劳动中思考的人才能领会脑力劳动的奥秘。请记住，很少有人生来就有牛顿或爱因斯坦那样的天赋。请做最坏的打算：你天赋不高。通过劳动、创造去磨炼、发展自己的才能吧。

（8）永远不要半途而废，要把已经开始的事坚持到底。如果你习惯于半途而废、三心二意，你就会变得游手好闲、不学无术。

（9）请记住，技能的完善是永无止境的。同样的工作，你可以重做几十次，每次都会上升到一个新的台阶。请培养自己的技能，不要因现有的成绩而自满。世上几百个专业，你永远无法掌握所有专业。掌握其中一门专业吧，但要成为自己专业领域的佼佼者。

只有在特定条件下，这些教导才能深入学生内心。如果学校里缺乏劳动使人快乐的氛围，以上教导就会沦为空谈。学生甚至都无法理解，觉得老师在对牛弹琴。学校里应充满劳动使人快乐的氛围。那何为劳动的快乐？劳动的快乐就是人在劳动中的自我展现。这是人复杂的精神状态，此时，人可以惊喜地看到自己双手的创造，在劳动中发现自我、自己的紧张劳作，感受到单调乏味的劳动时刻。要使劳动成为自我教育的领域（缺乏劳动的自我教育压根就不存在），就需要让每个学生感受到劳动的快乐，努力让劳动对他而言是一种创造活动。人在劳动中开始了自我寻找的过程，这一过程持续好几年后，他的使命感就会形成。

只有当一个人的个性在劳动中充分展现时，劳动的快乐、劳动的创造性、寻找自我这些才有可能实现。通过劳动进行自我教育不仅仅是要学生去挖土豆、收集废弃金属。这是对自我的深化过程，是将智力和动手能力有机结合，有意识地树立目标和克服困难的过程。我再次强调，没有思维的紧张劳作、没有智力上的创造性、没有书籍、不超出学校基础大纲范围，就无法通过劳动进行自我教育。没有趣味课堂，学生无法从老师充满激情的话中听出遨游知识海洋的召唤，或者不听从这一召唤，就无法通过劳动对学生进行自我教育。如果老师没有自己的追随者，如果老师不通过自己对科学的深爱去感染学生，通过劳动进行自我教育就无法实现。

如果以上条件都具备的话，那么请您给每位学生布置一些可以唤醒其内在热情、崇高精神和求知欲的劳动任务吧。比如，您的学生对土壤实验感兴趣。您注意到，当自己讲解土壤中复杂的生物化学过程时，他的眼睛中闪烁着好奇的光芒。你们学校有一个生物室和一个温室。给学生划拨一个小角落，用以下实验去吸引他：把毫无生气的黏土变成肥沃的土壤。同时，您和学生一同在土壤中植入有益微生物。这样，自我教育就开始了：学生已经离不开自己的小角落了。他久久坐在土壤箱、仪器、显微镜和书本旁，直到深夜。此时，已无须老师进行任何启发，因为学生的热情已被点燃。这时，老师应害怕学生的热情冷却下来。这就需要老师巧妙地对待这热情之火，让它长亮。

86

在脑力劳动中培养学生的自律精神

这些建议主要针对七年级及以上的高年级学生。这些建议涉及学生精神生活中十分重要的领域——阅读、思考、解决智力任务等。它们的成效取决于诸多因素和前提，其中最重要的是：学校，特别是教师团队中充满浓厚的智力兴趣氛围；课堂可以在多维的智力背景下进行；老师的知识储备比在课堂上所讲授的要多得多；每个学生都有自己的智力兴趣。如果这些条件都具备，那就意味着学生们会听取老师关于脑力劳动中自律精神培养的教导。在我们看来，在智力劳动中培养自律精神，最重要的是：

（1）如果你们想让自己有更充裕的时间，那就每天阅读吧。每天哪怕读两页自己感兴趣的学科领域的学术文献（你的选修课）。你们所读过的东西都将成为你们学习的智力背景。这一背景越丰富，你们的时间储备就越充足。因为你们阅读的所有东西中有几千个交汇点，这些交汇点和你们在课堂上所学的内容相交汇。这些点就是我们所称的“记忆衔铁”。这些衔铁将课堂必学知识吸入人类所处的知识海洋中。请每天坚持阅读吧，不要把今天的任务拖到明天。今天所错过的，永远无法在明天补回来。

（2）要善于听课。到九年级和十年级，重要话题相关的课堂要做听课提纲，不管课上讲的内容在教材上有没有。做听课提纲有助于思考和自我检验——对所学知识的检验。应当学会在课堂上就思考所列提纲，并且每天抽出半个小时复习所记笔记。我建议把提纲分成两栏：在左边一栏简要记录课堂内容，在右边一栏记录自己应当思考的问题。这里应列出主要的、核心的问题。这些问题好比是支撑整个课程知识大厦的架构。应当每天去思考这些核心问题，并将自己的思考同每天所读的学术文献联系起来。如果你们在学习所有课程时都遵循这一建议，就不会考前“突击”了，也不需要在准备考试期间把整个提纲都背下来。课程的架构就是一种独特的大纲，基于此就可以回忆起所学的全部内容。

（3）从一大早，6 点左右就开启自己的一天吧。在 5：30 起床，做早操，喝一杯牛奶，吃点面包，就开始学习吧。课前 1.5—2 小时的脑力劳动是黄金学习时间。在早上时段去进行最复杂、最有创造性的脑力劳动吧。去思考一些核心理论问题，阅读、钻研很难的文章，去撰写摘要吧。如果你们需要进行研究性质的脑力劳动，那就只在早上去做吧，这样就不需要熬到深夜了。要这样安排自己的作息，不晚于 10 点上床睡觉。这是对健康最有益的睡眠。

（4）善于确立脑力劳动的次序。这里指的是主要和次要脑力劳动的顺序。在时间安排上，要使主要脑力劳动不因次要脑力劳动而退居其次。主要脑力劳动应当每天都做。善于追踪最重要的学术问题，对这些问题的理解决定了你们天赋和才能的发展。在早上的脑力劳动中，这些问题应居首位。学会根据重要学术问题寻找相关书籍、学术论著，花较长时间去研究这些文献。

（5）要善于给自己寻求内在驱动力。脑力劳动的许多内容都不是非常有趣，以至于我们可以饶有兴致地去做。常常驱使我们去做这些脑力劳动的唯一的动力只是我们需要做。那么就从这并不有趣的脑力劳动开始做吧。要学会专注于一些理论上的细节问题，你们要专注到让“我需要做”可以慢慢变成“我想做”。把最有趣的部分留在最后去做。

（6）你们生活在书籍的海洋中。在挑选要阅读的书籍和杂志时，要非常严格。求知好学的人想读遍所有书，但这并不现实。要善于限制阅读范围，将可能打乱日常作息的读物排除在外。同时应当牢记，随时都可能需要读一本不在计划内的新书。为此，就需要时间储备，它源于课堂上有效的脑力劳动、对提纲的巧妙利用及对考前“突击”复习的预防。

（7）要善于对自己说不。有诸多事情缠绕着你们，其中既有文娱小组，也有体育小组，还有舞会。要学会果断拒绝，因为这些活动有许多可能对你并无益处。要娱乐，要休息，但是不应忽略主要的事情：你们是劳动者，国家花钱培养你们，你们的首要任务不是跳舞和休息，而是劳动。休息方面，我建议高年级学生下象棋，阅读文学作品。下象棋是在绝对安静的环境下进行的，人需要完全专注，这是一种强健神经系统、使思维有条理的极好方法。

（8）不要把时间浪费在闲聊、无聊的事等琐事上。经常会出现：好几个人聚在一起，开始东拉西扯。一个小时过去了，什么都没做，从闲聊中没有获得任何智慧的思想，时间都白白浪费了。要善于把和同学的交谈变成用以丰富精神生活的源泉。

（9）要学会减轻未来的脑力劳动负担，也就是说，为未来建立时间储备。为此，你们需要习惯使用笔记本。我手头现在有将近 40 本笔记本，每本都用以记录那些明快、似乎转瞬即逝的想法（这些想法通常只在头脑中闪现一次，不再复现）。我还会在笔记本上记录所阅读的最有趣的内容。这些以后都会用到，都能减轻未来脑力劳动的负担。给自己创建这样的记录系统吧，好好珍惜从书中汲取的知识。

（10）做每项工作都要寻求最合理的方法，杜绝刻板和死板。在需要深入思考同自己有关的事实、现象、规律时，不要舍不得花时间。你们思考得越深入，就会记得越牢固。在尚未理解时，不要去努力记忆，因为这会白白浪费你的时间。要学会不去重读，而是仅仅浏览自己已经很熟悉的内容。要害怕肤浅地对待自己还没有理解的东西。任何肤浅都会导致你们不得不好几次回到个别事实、现象和规律的学习中。

（11）如果你在脑力劳动的过程中被打扰，那么你的劳动将不会很有成效。专注于脑力劳动时，每个人都应当完全心无旁骛。最好能在阅览室学习，那里所有人都会严格遵守规定。

（12）脑力劳动需要抽象思维和形象思维的交替，请将阅读学术文献和读小说结合起来吧。

（13）杜绝一些不良习惯。比如，学习前还要坐上 15 分钟，毫无任何必要时去翻阅并没有计划阅读的书，醒来以后还要赖在床上，等等。

（14）明天是勤奋最危险的敌人。永远不要把今天要做的任何事推拖到明天。养成今天就可以完成明天部分工作的习惯。这将是促进明天工作的十分有效的内在动力。

（15）永远不要停止脑力劳动。暑假也不要让书离手。每天都应用有价值的智力活动来充实自己，这可以为未来的脑力劳动节省时间。请记住，你们知道得越多，对新知识的掌握就越容易。

87

在体育运动中培养学生的自律精神

身体素养、智力素养、情感素养、审美素养和劳动素养应被看作相互联系的统一整体。身体素养是充实的精神生活和智力财富的保障。同时，人的身体素养会提升其他领域的素养。

我们教师集体一直贯彻在身体素养领域将教育和自我教育相结合的理念。倘若我们的学生从小不帮我们干活儿，我们难以想象他们会成长为身心健全的人。

我们坚信，体育锻炼中教育和自我教育的统一是从幼年开始的，这源自民间教育学所倡导的一个理念：孩子一学会自己拿勺子吃饭，就应参与劳动。我们力求让孩子们能在思考时劳动，在劳动时思考。只有这样，一个人才能理解体育锻炼的内涵，拥有充沛的体力，认识到健康的精神寓于健康的体魄，学会尽可能地增强体魄。假设我们的孩子从小就不劳动，那么任何关于在体育锻炼中进行自我教育的教导都无法让他听得进去。但由于我们的孩子本身就是劳动者，他们对我们的教导非常敏感，会饶有兴致地接受我们的教导，听从我们的建议。以下是我们关于通过体育锻炼进行自我教育的建议。

（1）健康就意味着拥有充实的精神生活、愉快的心情以及清晰的头脑。你的健康掌握在自己手中。

（2）健康最重要的源泉是我们身处的大自然：空气、阳光、水、夏日的炎热、冬日的严寒、茂密的树林、盛开的三叶草地。请在大自然中生活和劳动吧。要早起，在日出前就起床。夏天，日出很早，你应在日出前起床。到田间去吧，呼吸新鲜空气，用晨露洗脸，晨露才是真正神奇的活水。弥漫着花香和麦香的空气具有治愈疗效。在夏日呼吸这种对健康有益的空气的人，永远不会得肺病。

（3）给自己立一条规矩：每天醒来后立马做早操。夏天就睡在院子里，在干草上或鲜麦秸上，它们可以释放出一种植物杀菌素，有助于预防感冒。

（4）坚持每天早晨用冷水擦身。尽可能久地在池塘里洗澡，直到秋天冰冻为止。冬天，用冷水擦拭双脚和双腿（到膝盖），直到全身的热从膝盖散发到脚掌。不要害怕赤脚站在雪地里一会儿，这是对双腿、双脚和整个机体的锻炼。

（5）每天坚持劳动。劳动可以正身心。日复一日、坚持不懈的劳动使人长寿。从幼年到垂暮之年一生都在劳动的人，直到临终都是真正的人，会一直保持着充沛的体力、清醒的头脑、丰富的知觉和情感。

（6）每天走 3（幼年时）至 10 千米。养成在森林、草原、田间徒步的习惯。如果你每天行走两三千米去上学，并且沿途会经过草原，那么你很幸运。夏天要养成在结穗的庄稼地和草地里（特别是小麦、大麦、燕麦、三叶草地）行走几千米的习惯。

（7）让简洁、温和、克制成为你的信条。小时候不要嗜甜。最好完全不要食用纯碳水食物。不要贪吃，不要吃得过饱。感到七分饱时，就离开饭桌。

88

集体对个体进行有效教育的条件

这条具有一定理论依据的建议也对实践有用。重要的是，首先要了解影响个体教育成效的各种因素，厘定这些因素间的复杂关系。这点对创建和谐的集体个体统一体尤为重要。

那么，集体教育力量的源泉何在？集体在何种条件下能够对个体进行成功、有效的教育？通过对上文一系列建议进行归纳，我们得出以下重要结论。

（1）每个个体都应理解、领会到这点：在他身边，有人在生活、在劳作（我将这一条件称作“对他人的感知”），这个人具有喜怒哀乐，应当用人文精神去关怀他，理解和感受他的精神世界、他当下的状态。如果每个个体无法通过智慧和心灵给自己在人群中定位，那么就没有，也不可能有集体，不可能有对集体成员的尊重，不可能有个体的自重。

（2）每个个体都要克制自己的需求，在把自己的需求和他人的需求结合时能够舍弃自己的部分需求。这一宝贵的道德品质可以通过“关怀课堂”“人性课堂”（上文已谈到）来培养。这些课堂的本质在于，人在用心去感受他人的精神世界时，能够帮助他人、勇于付出、对他人产生影响。为了他人的幸福去克制自己需求的能力主要体现在人们所称的“谦让”上。倘若大家都不具备这一品质，那么生活将会变成灾难。如果每个人都为所欲为，那么他的生活将不可想象。

（3）不断发展个体的道德素养、情感素养、智力素养、审美素养、创造素养等。只有当集体在精神上不断成长时，它才是真正的集体，并因此具有巨大的教育力量。而要使集体在精神上不断成长，需要集体中每个人今天比昨天更聪明、更完善、更慷慨。这里指的是集体坚持不懈地在精神上进行自我丰富，集体作为塑造个体的雕刻者之一应当不断打磨自己的作品，通过越来越新颖、精美的线条不断完善自己的雕刻技能。

（4）个体高度成熟的自尊心和自重精神。在发展、守护个体对自我的尊重，培养其对善意、对美的敏感度时，我们也在提升集体的教育力量。人的精神生活塑造存在一个完整的阶段——从5—6岁至9—10岁，我将这一阶段称为“集体生活的预备阶段”。这一期间，绝不能对孩子粗鲁、冷漠、无情，因为这会严重摧毁孩子柔软的内心，使它变得坚硬、冰冷，像石头一样。作为教育者，请您机敏地守护孩子在这一阶段敏感的内心。要知道，一旦您在学生的幼年时期让他变得铁石心肠，那么在之后的少年时期，他就会对您旨在对他产生深刻影响的各种教育技巧不屑一顾。一个人在童年早期所受到的惩罚越少，他就越能积极地回应他人善意的话语，他良知的守护者——他的心灵也会越忠诚，由这样的个体组成的集体就会越强大。

（5）学生的上进心及对他人良好评价的渴望。这点是集体教育力量充满生机活力的源泉之一。这一源泉充满了丰富的道德关系和促进集体活动思想。当一个人看到他人身上的优点，赞美他人身上的美德时，他就渴望变得更好。只有在充满崇高、高尚思想的集体劳动中，个体才会自重，这也决定了他整个人的精神面貌以及他对他人的态度。教育的智慧及技能就在于让人去审视人，通过崇高的劳动让集体的精神境界得到升华。

（6）不允许当众批评学生的缺点，不允许扭曲学生的心灵。个体应不畏惧集体，而应因集体看到他的优点、对他做出良好评价而高兴。集体对个体的影响应基于十分细微的人际关系。只有当集体能看到个体身上的更多的优点，而不是缺点时，集体才能对个体产生有效影响。

（7）集体成员兴趣、爱好、活动的丰富多样。如果每个学生都千篇一律，就不存在集体。只有当每个人都是独一无二的，每个人都用自己的方式来丰富集体成员间的关系时，集体才能发挥教育作用。

（8）集体参与社会活动的积极性。集体的教育力量以及它对个体所产生的影响取决于它所展现的社会思想的鲜明程度。学校集体应当经常参与社会事务，参与共产主义物质、科技基础的创建与夯实，参与对人的提升等。

（9）集体内部的经济关系。如果个体并未认识到自己对集体财富应承担的责任，那么关于职责、责任、自觉服从、个人利益同社会利益的结合的道理就只会变成美好的心愿。个体对集体内部组织关系——领导与服从关系的认识正始于个体对集体财富的责任感。

（10）不允许把集体划分为积极分子和消极分子。否则，部分个体就会觉得他命中注定就是消极分子，注定无所事事，他就该服从他人。集体成员的积极性不应取决于他是否能够发号施令。这种积极性应当是多样的，请让每位成员都展现自己在某个领域内的积极性，在这里，他可以最大限度地展现自己的天赋、才能、志趣。今天，若没有个体的全面发展，他在学校集体中就不会表现出社会积极性。集体中不应存在任何一个消极的、毫无特点的、在任何领域都无法展现自己的个体，也不应存在这样的个体，他唯一的积极性就体现在他会发号施令。个体的领导权应基于他在集体中所展现的积极性，这种积极性是由他的天赋、才能、技艺、在某一劳动和创造领域所发挥的示范作用所决定的。领导学生集体意味着首先应成为劳动模范。

（11）集体的多样性。只有当个体积极参与数个具有特定任务的团体时，集体才能充分发挥其教育作用。只有当个体的各种兴趣爱好、各类活动相互交织，个体寻求自我、有意识地发展自己的天赋和才能时，集体与个体之间才能和谐。没有多样化的集体，所有学生毫无例外都无法展现其积极性。如果学生的生活只局限于唯一的大集体中，他就会“枯竭”，不可避免地会变得消极。

（12）孩童、青少年对他人，特别是孩子的关怀。只有当集体中每个人都愿为他人倾注心血，关怀他人时，集体才能成为有效的教育力量。在个体观点、信仰、人生理想的形成期，具备这种关怀能力具有特别重要的教育意义。

（13）教师作为集体教育者所拥有的智慧。集体毫无疑问是老师的创造成果，它不可能自发地形成并悄无声息地存在。没有充满智慧的老师，就没有集体。因此，对于一些所谓的“班级不需要班主任”“集体完全可以独立”的“标新立异”的建议，我们不必当真。这就好比把病人交给自己去医治一样不切实际。教师作为教育者应具备这样的智慧，他可以让学生感受不到他事无巨细的管束和流于形式的监督，让他的想法可以被学生当成自己的想法来推动和实施。真正的教育大师从来不会让孩子感受到他是一个发号施令的角色。孩子越大，他们对教育者的要求就越高。到少年时期，他们就已经清楚地知道，他的老师应当是他的榜样、典范，他所在集体的良知。因此，青少年的教育者应对生活和人具有特别深刻的理解。集体的教育者应是一种力量，借助它集体的精神发展——道德、智力、情感、审美发展永不停止。为了实现这一发展，教师有必要每日对学生在智慧和心灵上产生影响，有必要不断地向学生展示人生活和内心世界中更新的层面。

89

学校集体中可以以及不可以探讨的对象

多年的教育工作经验使我相信，远非一切同学生行为相关的事情都可以拿到学校集体中去讨论。以下对象不可以在集体中讨论。

（1）孩童或青少年的不道德行为，根源是原生家庭中明显或隐蔽的异常现象，特别是父母的反社会行为，父母间存在争吵、打架、不和等。这些情况下，绝对不允许讨论青少年的不道德行为。学生们已经清楚地知道自己的行为同原生家庭相关，暴露他们原生家庭的阴暗面会使其压抑痛苦。

（2）孩童的不道德行为或个别负面行为，成因为孩子亲生父亲或母亲缺失而导致的精神颓丧。无论孩子看起来是多么蓄意破坏纪律，但如果他现有家庭是单亲家庭，就不该在学校集体中探讨他的行为。

（3）孩子所做的不道德行为或个别举动，目的在于对父母或包括老师在内的大人的粗鲁、专断进行抗议。这点的重要性与其说是为了维护大人的权威，不如说是为了维护孩子自身的利益。如果孩子通过不道德行为来表达抗议，那么在学校集体中对他这一行为的处理会让他感到不公。

（4）老师所犯的错误导致孩子或少年所做的不道德行为。老师绝对不可以在分析学生的错误行为时说："说的就是你，而不是老师我，老师的事也与你无关。"同样，也不许在讨论学生的过错时讨论老师的过错。

（5）由老师评分不客观而引起的不道德行为。正如其他许多情况一样，我们在这里需要面对的是孩子的委屈。孩子的委屈就如非常脆弱、反复发作的伤口，你越为它担心，对伤口触碰得越用力，伤口就会越疼痛，最好把委屈、伤口放置在一边。从总体上讲，在集体中，一些事不能谈论并不是因为孩子没有明辨是非的能力（他们在这方面有时并不比大人差），而是因为不应过多地刺激他们的伤口。很多情况下，努力不让新的委屈、伤口出现要更有益处。

（6）由学生智力发展异常或学生虽然已经很努力，但依然无法掌握学习内容而导致的成绩落后。老师应时常区分学生成绩落后是因为懒惰和懈怠还是不懂和不会。如果老师做不到这点，那他就不是一名合格的教育者。如果老师当着大家的面把某个学生成绩落后的原因误认为是懒惰和懈怠，这只会给他造成伤害、委屈和痛苦。

（7）学生的错误举动，对这些举动成因的解释需要学生深入谈论自己跟同学或好友的私人关系。这些情况下，逼迫学生推心置腹会被他理解为对朋友的背叛和出卖。涉及学生间关系的问题并没有看起来那么简单。学生对荣辱有自己的理解和看法，老师应当尊重他的看法。

（8）由特殊家庭关系导致的孩子的不道德行为，但了解自己的家庭关系对于孩子来说为时尚早，也无法向他解释清楚这种关系。老师要用非常巧妙、不引人注目的方式去消除学生这种行为。

此外，还有其他许多不能公开谈论的不道德行为。很难去概括这些行为，很难为它们找到统一的程式化标准和通用的评判准则。

在我撰写这些内容的当天，我所教的六年级班里发生了一件事。

学生尤尔科看似无缘无故地说自己的同桌弗拉基米尔“无耻”。我所教的少年们都很清楚这个词的意思。倘若尤尔科的指责毫无依据，那弗拉基米尔就会觉得委屈。但相反，弗拉基米尔并没有受到良心的谴责，觉得自己有错。到底发生什么事了？尤尔科眼睛近视，但他的眼镜质量很不好，导致他戴眼镜时看到的东西都不是实际的位置。绘画课上，弗拉基米尔拿尤尔科开了一个玩笑：弗拉基米尔在他面前放了一盒颜料，尤尔科一开始埋头画画，他就把颜料盒挪了几厘米，于是，尤尔科画画所用的颜料就不是所需要的。尤尔科发现同桌的恶作剧后，就很生气，回家的路上他大哭起来，指责弗拉基米尔“很无耻”。这句话被全班同学听到了，但关于弗拉基米尔的恶作剧，无人知道。我也是两天后才知道的，不是听尤尔科说的，而是从已承认错误的弗尔基米尔那里得知的。过了三天，尤尔科来找我，请我不要向任何人提及弗拉基米尔的行为。

在充满艰辛，有时甚至令人痛苦的教育事业中，我们应当遵守一个重要准则：如果学生自己可以弄清他们之间的复杂关系，那老师就不应该当着集体的面处理这些关系。

读者可能会有疑问：那么在学生集体中，学生的哪些过错是可以公开讨论的呢？哪些都不可以。

我再次明确，如果学生犯了错，一般不要公开讨论、处理。原因在于，第一，真正的教育在于让学生不去做异常、不道德行为，或者尽可能地少做；第二，作为一种教育力量，集体存在的基础及其对个体产生影响的方式并不是把学生的各种过错公之于众；第三，集体越少地将学生的过错公之于众，它所拥有的教育力量就越强大。

此外，共产主义教育还应遵守一项特别重要的准则：老师应当善于在冲突刚有苗头时就缓和、化解它，而不是煽风点火，不把这一苗头变成大火，而是在冲突刚刚发生时就化解掉。

或许，有人会问：“您主张的是‘无冲突教育’吗？”是的，我反对通过刺激、暴力手段来教育孩子（正是孩子们），这些手段毫无益处。不要把成年人世界里的一些概念和规则带到孩子的世界来。在对孩子的教育中，动荡、冲突、暴力是完全不必要的方式。因此，最好不要采取冲突的教育方式。

90
集体课余活动的宗旨

并非集体课余活动的丰富程度决定了其精神生活的丰富程度，而相反，集体丰富的课余活动是集体丰富精神生活的结果。集体成员对他人的感知能力越强，他能为同伴带来的精神价值就越大，他的内在美在他人面前就展现得越淋漓尽致，在为他人创造幸福的集体劳动中，这一内在美就会被理解得越充分，集体在努力使其氛围充满人文关怀，具有高度的原则性、严格的自律精神、对待“为所欲为”的专横行为保持不容忍的态度时，集体真正关心其成员命运、对成员关系产生影响的意愿就越强。

年轻的朋友，请您努力让一些集体成员间的关系准则成为集体课余活动的基础。这些准则既能体现集体对个体所提的每一点要求，同时又体现了集体对个体的关怀和爱护。在此，我简要谈论学校集体关系中的几点准则，这些准则有机地融合了集体对个体的要求与关怀。

（1）从四年级起，每个班级内部在每一学季都选出一名学生负责记录大家的作业完成情况和出勤率。每位同学到教室后，都要告诉这位助教他完成作业与否，如果没有完成，原因何在，哪些地方没有做完。助教把大家的作业完成情况汇总给老师（比如，3 名同学没有理解题目要求，1 名同学没有做完算术运算题）。每个班里，老师所教科目都有一位顾问（也可以是好几位）。顾问通常由最成熟的学生担任，他可以超前学习，所掌握知识比考取优异成绩所需的知识多得多。老师在听完助教的汇报后，立马派顾问去给那些同学解释那些内容，帮助他们完成那些实践任务。必要时，老师会亲自给学生补课。额外的补课和辅导只在课前进行，放学后不补任何课。这样，所有同学在放学后就可以立马回家，没有谁会被留下来补课。如果愿意，可以在课前参加补课。正是因为整个教学过程充满了互信精神，学生的学习建立在对他人尊重的基础上，每名学生都会首先严格要求自己。从来不会出现需要帮助的学生不来参加补课或辅导的情况。

（2）每个班级内部都选出一名学生负责记录大家对社会公益劳动的参与情况。我们学校各班轮流在学校的教学实验园地或农庄里劳动，每天有一个到两个班级参加劳动（视情况而定，但一定要全年不间断）。

作为社会公益劳动组织者的学生要负责统计：谁来劳动，怎么劳动。若有人因为正当理由今天无法参与劳动，他可以请组织者把他安排到明天或后天参加劳动的其他班级里。学生若因病无法参加劳动，可在病愈后参加。不存在，也不可能存在任何正当理由可以让任何人逃脱劳动。

（3）从二年级起，每个班里都有一名学生来负责管理班级的财产（藏书、直观教具、练习本、画册、颜料、打扫教室的笤帚和抹布、粉笔、体育课要穿的运动鞋等），维护班级值日生秩序。每天安排两名值日生，他们会戴上有字的臂章。值日生的义务非常广泛。他们会在上课前 15 分钟来到教室，用湿抹布擦黑板和课桌，在教室门口放上湿地毯，不让灰尘进入教室，避免大家吸入灰尘。下课后，他们会再用湿抹布把黑板和课桌擦干净。

（4）每年，每个班级内部都选出一名学生来负责大家的健康问题。由他来统计大家的做早操情况（在家）。每周六，健康负责人会问有没有人哪天没有做早操。之后，班主任会同这些学生进行关于自我教育的谈话。健康负责人也会记下那些身体不适的同学并告诉老师，老师会派这些学生去看病。

（5）从三年级起，每个班级内部都选出一名学生来负责学生手册的记录。老师在记分册上所打的分数由学生手册负责人记录到手册上。同时，在学生手册上签字的人不是老师，而是学生手册负责人。我们认为这一集体课余活动具有特别重要的意义，因为它体现了集体内部的互信精神。需要补充一点：如果有学生还未能掌握学习内容，我们不会给他打任何分数。分数表示学习的积极成效，没有分数就意味着还没有学好。这可以预防学生手册负责人同班级同学之间关系异常，因为一个学生从来不给另一个学生在学生手册上记录不及格分数。学生在手册上没有分数这一事实，比如，法语课没有分数，就是给家长的报警信号了：他们孩子的学习出现不顺了。

（6）每学季或学年末，班级（从四年级起）内部会决定应当降低哪位同学的行为评分。这一对学生而言非常重要的问题会通过班会来决定，老师（班主任）会参加班会，和学生一样，老师具有同等的投票权。学校里还有一项规定：如果评定学生行为的班级并没有达成统一意见，这一问题就会移交给教育委员会，他们将拥有最终决定权。但我们从未出现需要教育委员会决定的情况，学生的行为评定无须经过教育委员会认定。

（7）共青团委和少先队委员会在学校账户上掌管一定的资金，其来源为学校所维护的教学实验园地、花园和养蜂场。每年，这个账户上会有不少于 2 万卢布的进账。由共青团员和少先队员来决定如何支配这些资金。一些资金用以资助困难学生。如果哪位同学家里发生了不幸，他可以向同学求助，他们会帮助他。这些资金还用来组织游览、购置乐器、给兄弟院校的客人购买礼物等。

以上是我们学校在集体内部方面、组织方面和日常物质方面进行课余活动的基本经验。这些经验是通过集体课余活动来构建学生之间社会政治关系和智力关系的必要条件。我们力求使学生集体课余活动鲜明地体现在集体的精神生活，特别是社会政治生活中。这决定了青少年的社会和道德成熟度。我在前面谈论过的课程小组的活动、为村民举办的自然科学知识晚会、不同年龄段学生组成的集体的活动都属于积极的、具有创造性的集体课余活动。

91

课堂上的思想教育

在德育智育工作中，普遍存在一种观点，认为人在学习知识时，也就受到了道德教育，掌握知识的过程本身就是道德培养的过程。这种德育观在许多老师的内心如此根深蒂固，以至于他们很难去摆脱这些僵化思想。他们觉得，既然学生已经在学习知识了，课堂上的道德教育自然就会有了。“通过学校教育来进行道德教育”“通过知识学习来发展道德”——这些建立在错误德育观基础之上的论断实际上会让人盲目乐观。

掌握了知识、理解了自然科学及人文社科领域相关规律、交上令人满意的答卷并因此获得优异的成绩——这一切本身并非道德教育。道德教育始于知识转化并发展成信仰的地方。只有当一个人所具备的真理知识能够触碰他的内心，令他欣喜，激发他用实际行动去证明、去捍卫神圣、宝贵的真理时，才谈得上信仰。掌握知识的同时也在珍惜信仰。一个人缺乏某一具体的知识并不能说明他缺乏道德教育，但一个人若没有信仰，哪怕知识再多，他的道德边界也是模糊的。

在此，我建议年轻教师：如果您想成为一名真正的教育者，您就要善于看到知识同信仰之间的区别，善于为自己的信仰奠定基础，善于唤醒那根在跳动中可以产生道德热血——信仰的神经。

对自然和社会事实的了解是科学、社会、政治、道德思想形成的基础。思想是事实和信仰之间的桥梁，知识可以通过思想转化为信仰。思想不仅仅是知识，思想中还夹杂着“人的因素”，即个体对其所掌握知识的态度。一个人可以非常细致、全面地了解尤利乌斯·伏契克悲剧而又英勇的一生，但对他事实的了解并不意味着他有了思想。只有当读者在内心成为英雄积极的追随者时，他才具备了思想。只有当您的学生愿意同英雄并肩作战，愿意用生命去换取这位共产党员英雄用生命换取的东西时，您才触及思想。思想的特点是，基于对具体事实的分析而获得的概括性结论因个体对事件、现象、事实的态度而具有了鲜明的感情色彩。

知识向思想的转化过程中，就产生了信仰。教师的任务在于凸显这一转化过程，力求使学生不做“知识冷漠的使用者”，而做对人类真理巅峰充满极大热情的个体。

那么，任何科学知识都可以成为思想教育的素材吗？并不是。有些知识在思想层面是中性的（当然，这不意味着讲授这些知识的课堂没有思想教育）。不管是资本主义社会学校，还是社会主义社会学校，学生在学习简易乘法时，科学真理对学生道德教育的作用是一样的。然而，即使是理科课程，也会有相当一部分知识包含着激烈的思想斗争和冲突。许多科学真理是用昂贵的代价——一些杰出思想家的生命换取的。年轻的朋友，在此建议您要非常认真地对待这些真理的学习。在给学生讲解太阳系时，要让自己的话语充满对那些反对僵化、无知、对人进行精神奴役的思想家的敬重。请给学生塑造这些思想战士的光辉形象，让年轻人产生“真理总是革命性的”的想法。

您在物理、化学、生物、数学课上对材料的讲解不能仅仅是对真理乏味的解释，而要引领学生带着求知好学的精神以及为真理而奋斗的崇高理想去探索荆棘丛生的科学之路。要这样讲授自然科学课程，以使对年轻人的大脑和心灵而言，对科学知识的认识、领会和掌握是一个内在斗争过程，这是理性、心灵对不切实际、不学无术的斗争，对宗教毒药的斗争。这种毒药只会让人盲目陷入教条主义信仰，导致他无法思考、无法行动。人的求知好学精神，他对真理、对认知的热情是不可动摇、无法熄灭的，请让自己的课堂始终贯穿这一精神吧。

善于思考的老师会特别认真地对待所教授自然科学课程大纲中的一些章节，这些地方可能有新的发现，可能会有那些尚未完全被科学证实的未知领域。时空关系、物质和能量的本质、光、粒子和反粒子的属性、重力——细心的老师会让所有这些概念充满理性的光辉。如果课堂上老师给学生展示了宇宙宏伟的图画以及时空中的广袤世界，那么不要让学生在课后觉得自己是一粒微小的尘埃。

文科课程的课堂上不存在，也不可能存在思想层面上是中性的教学内容。如果您教授历史，那么您的教育目标首先在于您的课堂上不存在某个抽象的学生（自然界也不存在这样的人）。您应看到自己面前是鲜活的、具体的、独一无二的面孔——科里亚、妮娜、瓦利亚、谢尔盖……这些学生具有深刻的思想、情感、追求和激情。这点非常重要，因为思想的澎湃正始于有鲜活个性的地方。思想只存在于人具体的精神世界中，存在于他的思想、行为和斗争中。不管您给学生讲授什么，是斯巴达克领导的农奴起义，还是反对俄罗斯沙皇巴维尔的宫廷阴谋，还是秘密策划第二次世界大战的内幕，抑或是英勇的斯大林格勒保卫战，请您随时直接触碰学生的精神世界。一刻也不要忽略，在您面前是科里亚和妮娜、瓦利亚和谢尔盖。思想只存在于具体某个学生的内心和头脑中。这也是作为人文学科教师的您为何要努力使科里亚和妮娜、瓦利亚和谢尔盖不变成冷漠的知识使用者，而要感受到自己是某个事件真实的参与者。人类社会的历史就是一部斗争史。在剥削社会，是进步与反动的斗争；在没有阶级的社会主义社会，是人为了驾驭自然的斗争、为建设共产主义的斗争。历史课的讲授技巧在于激发学习历史知识的个体拥有一个战士的灵魂。

那如何让学生在听课时成为一名战士呢？这取决于两个条件。这些条件具备与否取决于老师您，取决于您所在的教师集体，取决于学校的整体精神生活水平，取决于学校参与社会生活的积极程度。

第一个条件是：学校、集体生活、学生学习、社会公益劳动中要充满时代精神。只有当一个人能够感知和理解时代的精神内涵时，他才能够明确自己的位置，能够在学习知识的过程中向先进思想靠拢。只有当年轻人用头脑和心灵可以感知并理解我们处在英雄主义时代、我们见证着最伟大的壮举时，在课堂上对他们进行思想教育才有可能实现。只有通过时代的棱镜，我们才能正确认识和理解任一历史事件的内涵。让青少年们用头脑和心灵去领会时代精神是学校并不轻松的一项教育任务。

第二个条件是：教师思想同个性的和谐统一。让课堂上讲解的事实充满思想内涵，使学生对事实的了解变成信仰——老师若没有个性，这一切将无法实现。思想存在于书本的字里行间，有些书的字里行间渗透的是像热的铁一样炽热的思想，有些是像阳光一样鲜明的思想。学校里是否充满共产主义的思想精神取决于您多久，带着何种想法和目的去触碰书里的炽热思想，这些触碰激发您去做出什么样的行为，参与什么样的活动。要让学生用头脑和心灵去理解书里的思想，教师光拥有深刻的知识是不够的，还需要对知识进行思考，需要思考您可以从人类瑰宝中汲取哪些财富，然后再传授给自己的学生。我相信，并非每一位精通自己专业的老师都具备思考知识的宝贵天赋。对知识进行思考意味着要去了解、预见、考虑每个真理可以触碰到学生内心的哪些角落，可以激发学生产生哪些想法、问题和困惑。对知识进行思考意味着教师要将自身置于青少年的位置，能够认同他们的观点。善于对知识进行思考的教师，其所教的学生往往都会具备一个难得的宝贵品质：他们在理解教学材料时，似乎能从材料中得出一些抽象概念，能把对材料的思考转化为对自我、对自我命运的思考。

教学的思想性是激发学生求知欲的重要动因之一。学生对自身思想地位判定得越准确，他就越深信人会坚定不移地去追求真理，他想知道得就越多。在课堂上学生激动不安学习思想的学校，书本会成为学生爱不释手的学习伴侣。阅读、对书本的独立思考——这些反过来又成为学生永不枯竭的思想之源。思想和信仰的本质在于，人会相信并珍爱他通过劳动和思考获取的东西。如果您希望学生所学知识可以转化为对共产主义炽热如火的坚定信念，那您要杜绝让学生死记硬背，杜绝其在未理解真理的前提下就“囫囵吞枣”。请您仔细思考谢·格·拉佐的精彩论断：“人要历经艰难困苦才能获得信仰，要检验信仰的生命力，要用他人的信仰去净化自己的信仰。人应当宁可死，也不愿抛弃自己的信仰。”对知识的领会过程就应是用他人的信仰对自我信仰的“净化”过程。课堂上所讲的自然和社会知识不应被作为不容置疑的真理，而应作为观点之间的斗争和碰撞结果呈现给学生。让这种斗争和碰撞在课后阅读中延续吧。请您帮学生挑选合适的读物，在这些书中，真理并非现成的长明之火，而是若隐若现的火炬，它是由为真理而斗争并在这一斗争中取得胜利的心灵之火所点燃的。

92

让青少年用头脑和心灵理解时代精神

时代精神最重要的思想就是：整个世界的命运取决于我们国家共产主义的建设情况。全世界范围内正进行着激烈的、互不妥协的意识形态斗争和政治斗争。资产阶级社会高薪豢养几十万的资本家来造谣中伤我国，数百个电台每分钟捏造出几百万个谎言——所有这些行径试图从精神上腐蚀我们的年青一代，让他们相信不存在任何值得为之斗争的思想。资产阶级所谓“自由”的生活方式的鼓吹者和辩护者试图让我们的年轻人相信思想生活的虚幻性，使其相信不管是在资本主义社会，还是在社会主义社会，人生活的最高目标就是物质享受，而不是追求某种“虚无缥缈的思想”。让苏维埃青年脱离共产主义思想——这就是资产阶级宣传的主要意图。

对于以上蓄谋已久的企图，我们应用共产主义的崇高思想去抵抗。我们的青少年应当理解和感受，在我们国家，在他们身边，他们的父母、他们的兄弟姐妹、他们自己正用双手创建世上最伟大的正义——一个全新的、最公正、最民主的共产主义社会。对共产主义正义、伟大、美好的感知本身就是时代精神的思想内核，年轻人的思想、希望及追求应紧紧围绕这一思想内核。年轻人若不积极参与我们上文中所谈到的共产主义劳动，激发他们去感知共产主义的正义、伟大和美好是不可能的。但这只是教育工作的一个方面。只有当年轻人将劳动同思想相结合，能够感受到思想斗争，自觉搞清这一斗争，明确自身立场时，我们才能使他们用头脑和心灵来理解时代精神，在他们心中树立共产主义信仰。

我们力求使高年级（9—10年级）班里举行的政治时事报道是对思想斗争鲜明的、激动人心的讲解。所有高年级学生每周一次聚在一起，校长会给他们简要讲述国内外发生的大事。在政治时事报道中，尤为重要的是去了解资本主义意识形态者如何诋毁我们以及我们如何用社会主义现实揭穿他们的谎言。资本主义意识形态者的个别论断让我们的学生哄堂大笑：这些论调太拙劣了。每一次谈话后，年轻人都越来越深信，真理在我们共产主义思想这一边。

我们的时代精神就是人类伟大、美好的精神。思想存在于我们人类的事业、命运和行动中。每周我同高年级学生谈话时，我都会给他们讲述那些一眼看起来并不起眼、毫无吸引力的事件，但若仔细洞察它们的内涵，学生就会感到震撼，就会为自己的同胞感到自豪。作为我们的同胞和同代人，他们过着非常平凡普通的生活，但他们实际上是年轻人的指明灯。

我讲的其中一个故事是关于俄罗斯妇女叶皮斯吉尼亚·费尔多罗夫娜·斯捷潘诺娃的。她有9个儿子，他们全部在为我们伟大祖国的自由和独立的战争中牺牲了。这位母亲说："所有士兵都回到了自己母亲身边，我挨个问他们，我的儿子去哪里了……我不分昼夜地等啊等。"学生们听到这位母亲的话，内心无法平静。我在重复这位母亲的话时，用了一张照片，上面是一位女性，她是整个人类美好、伟大、智慧的化身。我努力让学生用头脑和心灵去感受这一令人震撼的、充满悲剧色彩的故事的召唤，以使我对这个故事的讲述听起来像是对那些未能从战场回来的士兵的安魂曲，使学生能向自己发问"到底谁应为这位母亲神圣的眼泪负责"，使学生在生命初期就受到高尚的公民情感的激励，以使他们每个人都对祖国的敌人深恶痛绝。

有两位英勇的拖拉机手，他们用生命的代价保护了集体农庄上万公顷的小麦免受火灾的侵袭。在给学生讲述这个故事时，我立下一个目标：让每个青少年借着这两位英雄点亮的火光看到自己内心最隐秘的角落。我告诉同学们："你们都知道，在我们社会，没有比人更宝贵的东西。但如果一个人听从内心的召唤为了一些东西付出了生命，这就说明有些东西是我们生命无法与之相提并论的，是神圣不可侵犯的，这就是我们的祖国。”

每天、每周，在我们所生活的英雄时代都会有人揭开像以上两个故事一样光辉、鲜活的一页。年轻的朋友，要善于在年轻人面前打开这本书，要使这本充满热情的书中没有一页是未经读过的。

93

使美德令人向往

如果 17 岁的学生向往光彩夺目的事物，那么我们就应让那些高尚的道德和伦理准则变得光彩夺目。有些老师会觉得：我们所坚守的道德准则本身已足够美好，无须任何修饰和“美化”。实际远非如此。道德准则越高尚，展示这一准则的活动就应越鲜明、生动。要诚实、实事求是，对虚伪不容忍、不妥协——如果我们总是无休止地重复这些话，它们就会变成令学生厌烦的训诫。学生对这些话的感觉就像对身体有好处，但又令人作呕的鱼肝油一样。诚实、实事求是、对欺骗的不容忍态度应成为具有吸引力、令学生渴望和向往的美德（需要指出的是，将学生活动同美德的培养有机结合起来是实践教育学所研究的主要问题之一）。我们做到了让学生在独立完成作业时不抄袭别人、不偷看课本，否则他们会觉得内疚。如果我们不停地重复：靠自己的双手劳动很好，抄袭他人的劳动成果不好，我们的善意就会变成令人反感的苦口婆心。我们学校会鼓励学生参加一些能够彰显美德美好和吸引力的活动。每年暑假，我们学生从很小就会在“露天学校”住几天。这些“露天学校”就是我们所说的干草棚或用树枝搭建成的棚子。炎炎夏日，孩子们会在里面安营扎寨。在这里，学生不仅生活上完全自理，而且一切食品都自给自足。去“露天学校”之前，孩子们会把食物带到秘密储藏室（一切都需要浪漫色彩），再把它们放到纸袋子或金属罐子里。这里无须进行任何登记，每个人都是在储藏室没人的时候去那里送食物。没有人弄虚作假——这点难以想象。在这里，孩子们会感受到他们在用劳动、关怀为集体创造快乐。倘若有人萌生了欺骗大家的念头，那么所有人就觉得他偷走了大家的快乐。

孩童和少年时期，学生拥有物质财富——班级图书馆。当班级不存在时，藏书会移交给低年级同学。个别情况下，藏书还会被送给低年级的某个同学。这种活动会让姑娘们和小伙子们激动不已，铭记终生。

我们的学生还努力给那些已经丧失劳动能力的孤寡老人带来快乐。每年春天，高年级学生会帮助独居老人开辟一些花圃。这种劳动具有高尚的浪漫主义光环。这段时间，青少年们会想：所有人都会变老，到时候也会有年青一代来关怀我们。学生在青少年时期就体会到这点是多么重要啊！这种想法让小伙子们变得高尚，使他们成为真正的男子汉，同时，它赋予姑娘们未来成为母亲的伟大使命感。这种关爱老人、充满浪漫色彩、令人向往的劳动是最有意义、最高尚的活动。年轻的朋友，请别错过任何一次机会去触碰孩子们内心隐藏的对老人的忧思和不安。关爱老人是最令人动容的爱，对老人的冷漠是对社会最残忍的报复，它会让年轻人变得铁石心肠。

94

教师的权力及其体现

何为教师的权力？它应体现在何处？这是教育领域最细微，但又研究不多的问题之一。它是关于一个人对他人、长辈对晚辈的掌控问题。在教师所拥有的诸多教育手段中，他对学生的控制和管理是最有必要、最普遍，同时也是最尖锐、最危险的手段。这种权力就好似一把刀，既可以用它做最细致、最细小的手术，也可以用它刺痛伤口。这把刀相当危险，但又很有用。这种工具既可用以锻炼教师的意志和耐力，磨砺教师的勇气和智慧，但同时又可以腐化、扭曲学生的心灵——一切成效都取决于教师如何使用这一工具，教师带着什么样的内在动机去对待学生。随着时间的推移，我越来越相信，对孩子的管理是教师所面临的最严峻的考验之一，也是评价教师教育水平的标准之一。

年轻的朋友，当您踏进学校大门，决定献身于育人的崇高事业时，您随时都会陷入变化无常、充满矛盾的情绪中。成为一条能够容纳冰冷理智和火热情感的河流，不允许自己匆忙做出考虑不周的决定——这是教育技能永不枯竭的源泉之一。如果这一源泉枯竭了，所有关于教育学的书本知识都会化为乌有。

当一个人毫无保留地信任他人时，他在某种程度上是毫无设防的。整个教育生涯我都在思考这一问题。孩子对优秀教师的信任正是毫无保留的。当孩子跨入学校大门，成为您的学生时，他开始无条件地信任您，您的一言一行对他来说都是神圣的真理，您对他来说是最高的智慧、理性和道德典范。请您珍惜孩子们对您的信任，即孩子们对您的毫无设防吧，让这一教育智慧成为您衡量自我教育的标准。教育上的愚昧无知始于，当老师由于自身的局限试图将孩子的毫无设防变成牢笼，将这只小鸟驱赶到牢笼里，对它为所欲为时。对孩子毫无设防的不理解是老师在孩子心中地位不高的根源之一，这最终也会使老师丧失自己在孩子面前的权威，要知道孩子就像笼子里的鸟，是关不住的。

您能够用心理解和感受到，孩子对您的信任是毫无保留和毫无设防的，并将对孩子的掌管建立在这一基础之上。只有在这种情况下，您才有资格成为一名教师、一名教育者。要仔细思考、倾听并理解这里“毫无保留的信任”指的是什么。孩子会因为盲目信任老师而自觉放弃整个自我吗？还是他会尽可能地放弃个人的自由和享受？

不，完全不是这样。孩童的信任，不管这一信任多么无止境，它都是出自人的信任，他追求精神财富和多彩的生活，其中包括丰富的体验、思想、美的享受和多样化的交流。孩子希望能有一位有生活经验、有智慧的长辈主动关心他的幸福。请您好好珍惜孩子的这一心愿吧。孩子只要有这一心愿，他的心扉就会向您敞开。孩子希望您成为他的朋友和导师，他的上进心正源于您对他心愿的珍惜。

当孩子无条件地信任老师时，他内心会认为他的长者朋友在任何处境中都能够找到解决办法，不管这一处境有多不易。

那么，应当如何珍惜孩子对您毫无保留的信任，您应当成为多么充满智慧、深受学生爱戴的守护者，才能维持同孩子充满人文关怀的、真挚的、有爱的关系呢？老师对人的掌管应当具备多少智慧？请您一刻也不要忽略，孩子也是同您一样的人。老师珍惜孩子对他的信任，因为这种信任是孩子对老师的爱——这就是老师对孩子智慧掌控的核心。孩子从教育者那里寻求并找到守护的努力正是基于这种信任。请您珍惜孩子的这一努力。只要孩子对您满怀希望，信任您，您就是真正的教育者、老师，您就是孩子的生活导师、生活智慧的化身、心目中的权威、他的良师益友。请记住，信任是十分脆弱的东西，您轻而易举就能摧毁它。如果您将它摧毁，您就不再是一名教育者，而成了监督者。

95
珍惜孩子对您的信任

要做到这一点，最重要的是：老师要深刻理解，准确地说，要用心去感受孩子的世界，感受他们的童年。

孩童的世界是个独特的世界。孩子们有自己的善恶观，有自己对好坏的想象，对美的评判标准，他们甚至对时间也有自己的衡量标准：孩童时期，一天就像一年一样，一年就像永恒一样漫长。老师要打开这座名叫“童年”的神奇宫殿的大门，就应在某种程度上化身为孩子，只有这样，您才能实现对人——孩子的管理。

朋友，请不要觉得我在美化孩子的世界。我可以清醒地认识到，童年建立在我们成人对自己孩子产生的影响上。正是因为孩子是能长成参天大树的脆弱幼苗，孩子在童年时期才需要我们特别的关照。教师管理孩子的智慧首先体现在他拥有能够理解一切的超能力，这种能力不存在任何局限。请牢记，孩子不会有制造恶的恶意。教育上的无知始于老师将这种恶意强加给孩子，认为孩子会故意做出不道德的行为。老师极力去“铲除这一恶的根”时，也铲除了所有根，活生生的童年幼苗就这样枯萎了。老师对孩子实际并没有的恶意、懒散、懈怠的指责会被孩子看成很大的不公，这会让他疏远老师，不再信任老师。您在摧毁孩子对您的信任的同时，也在使孩子变得顽固任性、故意不服从、处处跟您做对，从而达到自我保护的目的。请记住，以上一切行为都源于孩子对您的信任出现了裂痕。

请您用特别的智慧去处理孩子们的各种莽撞行为，这些行为往往不是他们有意为之，而是因为疏忽、无知或是失误造成的。在这些情况下，请您不要公开斥责他们的行为。他们的行为应该只有您一个人知道。作为教师，您有极大的权力去了解一切。您应该明白：为什么一个一年级学生从彩色盒子里拿走了同学的彩色铅笔，在手里转了转后，放进了自己的口袋，请不要惊慌，这不是盗窃；为什么男孩子听到上课铃声后没有往教室里跑，而是想再在草地上“玩一会儿，再玩一分钟”；为什么费佳同学不认真听老师讲解解题条件，却屏住呼吸盯着飞到教室里的一只蜜蜂看；为什么奥克桑卡没有认真读大家读的东西，却在纸上画小花；为什么去森林游玩时三个吵闹的男孩米克尔卡、比利普卡、彼特里克故意脱离了队伍，藏到了灌木丛里……

为什么？为什么？为什么？……学生有太多的行为让老师不解，师生之间也会有无数的冲突。师生间的冲突是老师在教育上极端缺乏智慧的表现。当老师没有父母一样豁达的智慧，在学生心中没有很高的权威，未能意识到自己所面对的是孩子的行为、孩童世界的思维观点时，师生之间就会出现冲突。老师完全不要把孩子和大人做比较，也不存在统一的标准可以把大人和孩子相提并论。

我依然记得一个叫德米特里克的小男孩，事情发生在三年级……当时正在上语法课。试想，您在黑板前讲解语法规则，所有学生都在认真听讲并记下示例。德米特里克好像也在写，但您却感到隐隐的不安。透过他圆溜溜的眼睛，您判断出他正在课桌后忙什么，好像有点儿顾不上听您讲语法。您悄悄走到他跟前，发现他面前放着一个半打开的火柴盒，里面有东西在扑腾，德米特里克整个人全神贯注地盯着这个火柴盒。您定睛一看，原来火柴盒里有一只甲虫，这是一种您从未见过的独角甲虫，它正试图用触角锯开这所“牢笼”的大门，但未能成功。

自然，你可能会勃然大怒，把孩子弄哭，让他悔过自新（这也会让自己气得发抖），但这又有什么用呢？您唯一达到的目的就是时间被白白浪费，这只甲虫成为全班同学的消遣方式，大家都会羡慕德米特里克，同时也会暗自嘲笑您的怒气冲天。

此时，请您仔细想一想：孩子啊，你心里在想什么呢？为什么不能让自个儿把甲虫放在一边半小时，先把语法规则听完呢？您把德米特里克的火柴盒收走，盖上后放到口袋里，用手轻轻摸了摸他的头，又给他讲了一遍语法规则，他认真做着笔记。您发现他已经完全懂了：确实有这样的孩子，他一只眼睛盯着甲虫，另一只盯着黑板，脑子里却能记住一些东西。

下课后，德米特里克找到您，他低下头，默不作声。他长长的睫毛下黑溜溜的眼珠依然闪烁着光芒，他狡黠的目光依旧无法掩饰。您把甲虫还给他，请他讲讲他在哪里找到这只奇特的甲虫，他是怎么让甲虫用触角去锯火柴盒的，打算之后如何处理这只甲虫。德米特里克很乐意告诉您这一切，他拉着您到甲虫出没的灌木丛，它们每 3 年会爬出来一次，然后飞走。

这种情况下，常常能听到一些老师含蓄地指出，他为了善待学生从教育智慧的巅峰下来，去屈就学生幼稚的兴趣世界。孩子们并不接受这种所谓的迁就。老师从高处降到低处，这不是真正的教育，真正的教育是老师不断向上去接近孩童世界奇特的真理，而不是降低自己。请您不要纵容孩子，不要迎合孩子兴趣的局限性（如果我们自己不限制孩子的兴趣，他们的兴趣也不会存在局限性），而要做智慧的导师。

人掌管人，特别是大人掌管孩子的智慧在于很强的创造力，在于老师深刻又真诚地去触碰孩子的思维和情感，在于善于理解孩子的语言，保持一点点童心，同时在发展水平上不拿孩子和自己相提并论。每当我看到有的老师，作为一个成年人，孩子的父亲，把一个五年级的小男孩带到教师休息室，然后质问："你为什么上课时总是在笑？你还要笑到什么时候？你作为少年队员，难道可以这样吗？"在我看来，这位老师加入了孩子的游戏，却不懂游戏规则。听完老师的质问后，小男孩沉默不语，他无法回答。倘若一个五年级的孩子突然能用老师质问他的方式来回答他，这才叫人奇怪。更经常的是，学生并不知道自己为什么会笑，但老师不可能不知道。老师没有权利不知道，为何孩子会做出这样或那样的举动。于是，就产生了互不理解：老师无法理解孩子，孩子也不能理解老师。难道老师和学生讲的不是同一种语言吗？

请记住，孩子，尤其是少年，总想在某处“彰显自己”，确立自己的意志、理性、聪慧和机敏。在您的帮助下，这样的孩子逐渐成长为个体。在这艰难的成长过程中，老师应当特别谨慎地使用自己手中的权力，因为大人的意志一不小心就会变成专断，甚至是对孩子的逼迫。不压制、不摧残，而是去引领、去支持；不束缚孩子的精神力量，而是去树立孩子的自尊心——只有这样，老师才能实现对学生的管理；只有这样，您的管理才是充满智慧的。如果孩子不“照这样”去做，不要用“暴力”“强迫”手段去对他施加影响。不要在自己复杂的人道主义教育实验室诉诸拳头和呵斥，让自己都不愿看到的情景发生：曾经好动、爱笑、吵闹不休的淘气包变得闷闷不乐、郁郁寡欢，他双眼低垂、忧郁、暗淡无光，这是很糟糕的事。请您像珍惜最宝贵的财富一样珍惜孩子的人格和尊严。请记住，能够教事事有主见的淘气包学生是您的幸运，而教意志薄弱、思想可以被您的“暴力手段”抹去、对您无条件服从的学生是您的不幸。要知道，您管教不住的淘气包必要时就能展现出善良和真诚，而意志薄弱、无条件服从老师的学生往往会变得冷漠，他们经常在不经意间会为了自身利益而残忍地无视亲近之人的不幸。教师“暴力”“专横”的教育手段常常会摧毁学生的意志，让他变得冷漠无情。

96

让书籍抓住学生的心灵、理智和信念

我曾教过一名聪明却很倔强的学生尤拉。尤拉对真假、荣辱十分敏感，就如纤细的芦苇对微风拂动那样敏感。

我给“思想之家”带了几本书，这些书写的是遥远的国度和自然现象。当尤拉看到这些书色彩鲜艳的封面时，他的眼睛闪现出光芒，请我把它们借给他读。我把书给他时，小男孩不安地问：“我把这本读完后，您能再给我别的书吗？”

“当然咯，”我回答，“哪怕你一天读一本也行。”

我一不小心说了大话：那会儿我手头关于遥远国度、海洋深处、热带雨林、静谧北极的书是不够他每天阅读的。好在尤拉是过一天才来还书，并找我拿新书。但是书架上让尤拉感兴趣的书不多了。这一天终于到来，不安的想法萦绕在我心头：一周以后要怎么办呢？要知道尤拉无法预想到我手头的藏书突然没了。要是他意识到我在骗他，会发生什么事？问题不仅仅是我们之间的友谊会破裂，也不仅仅是我再也无法在“思想之家”看到尤拉充满信任的双眼，听不到他问：“您手头的书还有很多吗？”（当时隔壁房间是我的小型图书馆，我没有让尤拉去看，我怕他会立马对我失望。）问题在于，我会在这个倔强的男孩子面前丧失威信，他有着世上独一无二的性格：他会靠近那些哪怕在微小事情上都言行一致的人，我对这点深信不疑。

有一天，我从自己所在的偏远村庄出发去哈里克夫、波尔塔瓦、基辅这些城市旅行。这趟旅程花了我两个月的工资，但我回到家时是喜悦的。我很吃力地带了几捆书到家，害怕不小心碰到尤拉。

尤拉在我们学校上了3年，一直到七年级毕业（当时的学校是七年制）。整整3年，我每天都在想可以借给尤拉哪些有意思的书去读。慢慢地，我感到，小男孩不仅会思考所读的内容，他似乎还会根据书来评判它的读者会是谁。这几年善于思考、要求严格的尤拉也是我的评判者。他对所读书的内容领悟越深刻，我们之间的交谈就越有趣，他就越想靠近我，同他交流的时候就给我越多的快乐。

这3年对我来说是真正的考验。从那时起，每年我这里都会有好几个像尤拉一样的学生，他们有着求知好问的头脑和一颗敏感的心。若不是书籍，我是无法掌控他们的意志的。我在书籍世界中的积极活动哪怕停下来一天，都会失去对学生内心的吸引力。他们将不再需要我，因为我再也没有什么可以给他们的了。什么也给不了学生的老师就会变成令人厌烦的监督者，学生会尽可能地忍耐，但不会尊重他。

亲爱的朋友，在此，我想建议您：掌控学生的大脑吧。没有比征服学生思想更为有力的征服学生意志的手段了。只有当您遨游在书籍的海洋中时，您才能掌控学生的思想。通过巧妙的教育方法，天性最敏感、最具个性、最倔强、“最叛逆”的学生也会变成小小书虫。请用书籍和智慧去征服学生吧。

97

对教育工作的规划

关于如何规划教育工作，没有任何现成的公式和方案。教育工作中一切分散老师注意力的事、任何的形式主义都毫无必要。但制订教育工作计划并不属于形式主义。制定规划是教育工作的一部分，若没有规划，就不会有真正合格的教育，特别是在我所称的难以察觉的教育领域。

教育者要规划教育工作，他首先应对教育理想有概念。教育者应当设想，自己可以把运到工作室的“大理石块”雕刻成什么样子。这一设想的清晰程度就决定了教师对教育工作本质和规划必要性的理解程度。

您从一年级学生教起（有时您从教授学龄前儿童开始），您一直把孩子带到三年级，但您的教育之路应当一直规划到头——到学生中学毕业，到学生独立参加劳动的初期，到他们为人父母。请您制订一份未来10—15年的教育活动计划，以便您的学生可以成长为具有清晰、好问、成熟头脑，具有高尚心灵和灵巧双手的人。首先，您应列出一份读书清单，这些书属于世界文化宝库之列，是您的学生在10年读书期间应当读完的。同时，还应列出“选读”书目，这些书是学生在中学毕业后，在独立劳动期间应当阅读的。那如何让学生在毕业后依然是您的学生，依然去读那些该读的书呢？关于这点，写一本书都写不完，这是一个很庞大、很重要的问题。

然后，去深入思考并记录学生从入学第一天起直到成人应当为父母、为他人做些什么，以使他们可以成长为真正的人，使他们可以领悟劳动、人格、尊严、友谊、关怀的本质。再列一份学生应当参加的社会公益活动清单，旨在让他们初步接受学校对他们的公民教育。在此，我建议您在清单旁列上关于一些杰出人士的书单，这些人士应成为青少年们的榜样。如果学生不参加社会公益活动，阅读这些书不会起到任何作用。

教育者在对育人工作进行整体规划的同时，也应制订整个教育阶段更具体、更细致的计划。比如，小学教师就要制订 3 年计划，九至十年级班主任就要制订对班级管理的整个期间的详细计划。在此，我建议要特别关注孩童和少年们。9—10 岁的孩子以及 13—14 岁的少年应当在回顾过去时可以看到自己亲手劳动的成果。他们应当懂得什么是劳动中的艰辛，什么是劳动报酬，什么是劳累和休息，什么是困难。

不管是整个学校教育期间的整体规划，还是每位教育者教导学生期间的具体规划，这些规划应当在某种程度上是每位教育者所努力达到的理想标准。基于这一标准，教育者应当制订更有限期间内的计划。至于多长时间以内，请根据自身情况去制订：或一周，或一个月。有些教育者甚至可以制订出一份整个学季期间不错的计划。教育者需要时刻牢记，教育是一项实际的、动态的、永远不断变化发展的事业，因为您的学生在不断成长。制订短期内教学工作计划的目的在于对每日为实现教育理想所做工作的定期检验和比较。

计划的制订首先取决于生活实际情况。您的学生刚跨入学校大门时，您还不清楚他们的个性会如何发展。他们的个性在活动、劳动和日复一日的关系中形成。生活处处会提示您，应当如何规划自己的教育工作：学生集体应当读什么样的书，应当吸引学生参加哪些劳动，应当同万尼亚和科里亚怎么交谈才能让他们读该读的书。

教育规划包括各种各样的学生活动，还涉及同家长打交道的内容。如果每种活动的道德内涵和目的都能被充分考虑到，那么制定教育规划毫无疑问会给教育者带来益处。对实际工作进行规划的必要性在于对已取得成绩的继承和发展。可以说，教育的一大秘诀在于经常做同一件事，但同时又让学生不怀疑他们在做同一件事。因此，对学生人性、关怀、同情、真诚的培养需要他们不断地为他人做点什么，但这种活动不应单调乏味。读到此，读者可能会觉得：作者要是能展示一下怎样具体制订每周或每月的计划就好了。我在此有意不做展示，因为传授经验传授的是理念，借鉴经验是个体基于这一理念进行自己的创造。

98
同集体进行具有教育意义的谈话

每一次具有教育意义的谈话都有自身的目的。有时这一谈话具有普遍意义，关系到所有学生。有时这一谈话是为了影响整个集体，同时对个别学生产生特殊影响。

在仔细思考学生集体的精神生活，个别学生的思想、情感、行为，拟定谈话内容时，您应当永远不要忽略，您对学生产生影响的主要手段是话语，您是通过话语去触碰学生的理智和心灵的。您的话语可以是有力的、犀利的、激情洋溢的，也可以是软弱的、无力的、苍白的——一切都取决于您谈话中非常重要的一点：是否充满崇高精神，是否具有激励作用。在培养孩童、青少年坚定信念，引导他们进行自我教育时，鼓励他们是教育中最宝贵的地方。请记住，您通过自己的话语给学生传达的不仅是想说的内容，而且，形象地说，是您心灵的一部分。

老师您若要使自己同学生之间的谈话热情洋溢，具有崇高精神，您首先需要深信您所讲的内容、您竭尽所能坚守的东西。当您坚守一些东西，为之而奋斗时，您的话语就会激情洋溢。

比如，您发现班级中有几个学生冷漠无情。根纳季病了，在家里躺了两天，没有一个同学到他家去探望，每个人想的都是别人会去探望。维克多的奶奶住院了，两周内维克多只去探望过她一次，事实上，奶奶所住的医院一点也不远。所有这些都让您担忧，您打算和他们谈一谈，但不打算说这些事。教育和自我教育中，有一条特别重要的规律：道德审判的力量（对自己的行为进行道德评价本质上就是道德审判）取决于谁是法官，是教育者，还是被教育者。如果被教育者只是听着判决，那么教师话语的教育效果就会大打折扣。人应当成为自己的法官。我认为，具有教育意义的谈话的技巧在于，做出不道德行为的学生无须提醒就能自觉反思自己的行为。

要做到这点，教师还需遵循谈话的另一重要准则：有必要在生活中、在人际关系中找到一些鲜明的事例，这些事例可以体现您话语中的思想。您同学生谈话的教育作用就在于这一思想可以抵达维克多的内心，抵达那些离根纳季家不远的同学的内心。这些事例的鲜明性实际上决定了您的话语是否具有激励作用和崇高精神：只有当您的话源自美好、崇高的思想时，您才能把自己内在的一部分传递给学生。请您为谈话选取一些令您震惊的事例，以下就是一些。第二次世界大战以后，我们州一个村庄的一位年轻的拖拉机手受了重伤。他打了 4 年仗都毫发无损，却在回来后开拖拉机时被地雷炸了。年轻的拖拉机手特别灰心丧气，若不是他的妻子——他忠诚的好友、勇敢的女性、慈爱的母亲，这个年轻人未必能再次站起来。没有双腿、没有左手的他重新站了起来——他学会了用假肢走路，他又回到了拖拉机上。面对巨大痛苦时，这些人所表现出的英勇、坚定、忠诚、不屈不挠等品质让您备受鼓舞，您再将这种崇高精神传递给自己的学生。

教育意味着要让学生去反思自我。您在讲述这一令人震撼的现实事件时，您直接面向的是维克多和尼古拉、亚历山大和尤莉娅，面向的是那些心中不知为何被埋下冷漠种子的学生。您面对的不是自然界根本不存在的某个抽象学生，而是具体的维克多和尼古拉、亚历山大和尤莉娅。您清楚他们此时此刻的所思所想，您努力使他们也像自己一样为人的忠诚而震撼，使少年的内心可以从事实向思想转变。只有当一个人思考的是思想时，他才能对自我进行反思。

同时，不要对学生说：去思考自己的生活，思考自己吧……老师的号召应孕于思维逻辑中。只有对自我进行思考才能使年轻人内心受到鼓舞——您将自身受到的鼓舞传递给了学生。“精神受到鼓舞”指一个人在思考、创造的过程中力量和才能的振奋。一个人通过大脑和心灵来认识他人——这就是真正的创造。这种振奋的特点在于意识的清晰，思维、方法和力量的爆发。个体关于外界，首先是关于自我思想的爆发——这正是教师通过同学生谈话最终所要唤醒的东西。关于此处所谈到的事例，学生可能会遗忘，但如果教师同学生的谈话真正具有教育意义，谈话所留下的情感痕迹就永远不会被遗忘。您用崇高思想感化学生的程度越深（此处的“思想”指的是人对人的忠诚、关怀和真挚情感），您就越能激励学生对自我进行教育和反思。您会在某一刻同维克多的目光对视（您不能去寻求目光对视，它应是不经意间的），您在自己熟悉的少年的眼中看到了两种情感：对自我好奇的审视和不安。这说明了您的话抵达了他的内心，他开始了复杂的内心活动，他的大脑和心灵开始了复杂的认知活动。让少年带着不安离您而去吧，您要这样做。让他用几天去感受您的话，让他借助您点燃的思想光亮去审视隐藏在自己内心深处、未曾被他人审视的地方。

谈话只是一种叫法。事实上，这并不是谈话，而是学生在聆听老师的教导。老师不应该，无论如何也不能督促学生：来，你们来讲讲，你们如何看待那位整整 10 年为所爱之人的心灵而奋斗的女性？遗憾的是，个别老师有时就是这样做的。这样的谈话会毁掉之前已经取得的成绩。教育的目的并非让学生去重复老师所读或所讲的内容。教育的艺术首先在于让学生积极向上，为此他应认识和感受到自己是什么样的人。

有时，会发生以下情况：学生中有人因为淘气而惹出麻烦，老师为此和大家进行谈话，谈话就从批评这位学生开始。用我认识的一位老师的话说，就是“利用一下这一事例”。乍一看这谈话会很吸引人，可以起到很好的“训诫”“震慑”作用。但这就好比什么呢？试想，您的皮夹克沾满了灰尘，为了清理灰尘，您拿了一支棍子去拍打背部。效果当然是有的，皮夹克上的灰被拍掉了，但恐怕没有人会认同这种“清理”方式。您最好还是把皮夹克脱下来好好清洗一下……教育也是如此，它不应是，也不应变成一种惩罚。请您尽可能地讲究教育艺术吧。

如果您认为同集体的教育谈话的意义仅在于对不良行为的斥责，那您的教育将不会有任何效果。要知道您面向的是集体，但个别学生的不良行为和缺点并不是全体都有。在这点上，教育者时常犯错，他们忽略了对一个人缺点的教育需要特别小心谨慎，何况他们要教育的还是孩子和青少年，这些学生正处于十分脆弱、敏感的时期。教师不应极力追求一下子就能根除学生的缺点，用几句怒气冲冲的话就可以把学生教育好。请记住，集体是以同情的心态来看待有毛病的个体，如果您觉得自己将集体的怒火转向这个至今无法纠正自身毛病的人，您就达到自己的目的了，那您就错了。集体不但没有愤怒，反而会对犯错的人表示同情，这完全符合常理。因此，老师不要想着一下子把脓疮连根挖掉，这会形成一个流血的伤口。教育如同精细医学，它需要治疗伤口和脓疮，但并不认同挖除这种手法。您同集体的谈话无论如何不能让学生带着流血的伤口离开。这会让集体震惊，但这种震惊完全不是您所期望看到的。

在同集体进行具有教育意义的谈话时，您正需要寄希望于，集体看待个别学生的道德缺陷就如同看到痛苦和不幸一样（更准确地说，请您把这点考虑在内）。不仅如此，您还要努力加深集体对问题学生的同情，把集体的这种同情变成渴望看到同学身上的道德美、无缺点。

99
克服惰性

我有意将这一问题放在倒数第二。要想没有懒学生，就要按以上 98 条建议好好去做。学生的懒惰不容易根治，预防他们变懒也不容易。但懒惰被预防后会变成勤奋，这种勤奋要比懒惰被根治后的勤奋珍贵一千倍。因此，年轻的朋友，让我们首先研究一下怎么预防懒惰，为此，我们需要知道惰性的根源何在。

懒惰是游手好闲、虚度光阴的产物。懒惰者常常是那些在童年早期心愿就被大人满足的孩子，而他只需要发号施令、为所欲为就可以了。那些什么都轻而易举得到，并未体验过艰难困苦的人会变成懒汉。使正常孩子变成懒汉的沃土正是无忧无虑的童年环境，这种环境会让他觉得童年可以持续一辈子。这样，父母通常会在一个美好的一天感慨：不知不觉，孩子已经长大成人了，怎么这么快？就在昨天他还是天黑不敢出门的小屁孩，今天就已经在追求女孩子，逛到半夜才回家了……懒惰是无忧无虑大浪上的一朵水花。这是关于内心深处秩序的现象，其根源在于内心的懈怠。那些什么事都不放在心上的人更容易变成懒惰的人。

一个人的惰性常常伴随着自尊心的缺失：他毫不在乎别人对他的评价。

懒惰的人通常也是他人所创造财富的挥霍者，一个人享受得越多，形象地说，他有条件当寄生虫，但这并不能表明他精神生活的丰富。懒惰的人在精神上是贫瘠、匮乏的。一个人懒惰的主要根源在于精神兴趣的空洞、贫瘠。懒惰的人首先会引起他人的同情，而根治懒惰的方法之一就是让不幸成为懒汉的人审视自我，看到自身的不幸并用心去感受这种不幸。不能忽略的一点是，此处谈论的是孩童的懒惰。

预防懒惰最重要的条件是拒绝游手好闲和虚度光阴。在一个人的精神生活中，不应存在他什么都不创造的时刻。在所有关系中，最畸形的是大人专门为孩子创造一切条件来让他无所事事、游手好闲，并将这种无所事事称作"孩子的暑期休息"。休息方式应当是积极的，是对活动性质的改变。应当把孩子从拥挤的城市带到村庄，让他们在田野和草地里从事一些力所能及的劳动，磨炼他们的意志。

预防懒惰中，一个强有力的手段是克制自己的欲望。让学生从小亲身感受以下概念的实质：不许、应该、可以。老师应当同家长一道努力使孩子从小就能在生活上自理。

让孩子从小就经历一些困难并付出一定的体力和心力去克服困难。体力和意志力的结合能够培养出勤奋、积极、有意志力的人。

如果父母能把孩子视为未来的大人，想象他成人的样子——如果孩子在小时候就沾染上懒惰、懈怠、畏难这些毛病，他以后可怎么在世上存活呀——那么懒惰就不会侵蚀孩子的内心。预防懒惰的有效手段是让孩子有着大人一样的忧虑。如果在进入青春期之前，一个人并未亲身体会到生命最重要的基础在于靠自己的双手去生活，那么就谈不上对他进行严肃的勤奋教育了。

懒惰不仅指肉体上的懈怠，而且指思想上的惰性。当一个人总是不想付出任何努力就可以获取现成的思想时，思想的惰性就会找上门来。正如不假思索地享受他人创造的物质财富会造成人肉体上的懒惰一样，对现成的思想囫囵吞枣也会造成人思想上的惰性。要让学生获取知识，就要预防他们思想上的惰性。

懒惰的预防之路孕于丰富的精神需求中。一个人只有在孩童，特别是少年时期能够在内心体会到从劳动中获取快乐的需求、对书籍的需求、同他人交往的需求、对创造的需求时，他才能获取抵抗懒惰的免疫力。以上需求是个体最重要的精神价值，对这些需求的培养是教育理论与实践中非常有意义的问题之一。

但如果孩子已经变成懒汉的话，要怎么办？五年级学生斯捷帕的妈妈来到学校，无奈地问："我该拿孩子怎么办呢？他一回到家，放下书包，吃完午饭，就会一直逛到晚上。"

这种情况下，该怎么办呢？

救救孩子吧。我们建议斯捷帕的妈妈：如果您已经把孩子培养成了小懒汉，那么请您坚持不懈地改造他。请督促孩子每天学习 2 个小时。他习惯以后，就能体会到完成作业后的快乐。您督促时不要大喊大叫，不要惩罚孩子，因为您不是在对孩子行恶，而是行善。孩子完成作业后，让他干 2 个小时体力活。让孩子每天早上 5 点起床，告诉他：我去干活儿了，给大家做早饭。你也去干活儿，去预习功课吧。所有这些都没有歇斯底里，没有反复提醒孩子他是个懒汉。从孩子早上 5 点起床一直学习到 7 点的那天起，他就已经不再是懒汉了，您应夸他勤奋。

不存在通过上述简单的方法无法改造一个懒汉的情况。但改造懒汉道路上最大的障碍可能是父母的懒惰。

我提出要在家庭范围内改造懒汉并非偶然。一个人的懒惰首先是在家里滋生的，也首先需要在家庭范围内根除。如果一个懒汉的家庭里没有热爱劳动的氛围，那么学校单方面的努力也不会有任何积极成效。在家长学校的所有部门，我们都会研究一个问题：懒惰从何而来？我们会对孩子的行为、劳动、学习、家庭关系进行教育心理学分析。懒惰的预防是需要学校同家庭合力解决的最重要的问题之一。

100

最后一条建议——悄悄地……

我在这本书中提出的所有建议应当只被老师您知道，对学生来说并非必需。让学生知道您的教育方法及技巧往往有害无益。因为老师对学生产生积极影响的条件之一就是教育的非刻意性。换言之，学生不应当时刻都知道老师在对他进行教育。老师的教育意图应当隐藏在自由、友好的师生关系中。

为什么学生不应当知道或感觉到他正在被教育呢？因为真正的教育是自我教育。师生之间应当形成这样的交流模式，让老师针对年轻人理智与心灵的每一句话都能激发他内在的精神力量，都能引导他的大脑和心灵为自我认识与完善进行内在活动。如果一个人处处都能感受到自己在接受教育，那么他的自我认识与完善能力就会弱化。他就会产生想法：我应成为什么样的人，我该怎么做——所有这些大人们会考虑的。我要做的就是等待他们的建议和指示。

苏联杰出教育家安·西·马卡连柯不止一次提到，对于教育者而言，非常重要的一点是不要让学生知道他们正在接受某种特定的教育。我一生都在向我的精神导师学习这点，我相信，教师让自己的教育意图悄无声息是教育艺术的重要基础。

年轻的朋友，有必要让自己对孩子的教育、爱与尊重、对孩子所提的要求、自己同孩子之间的友谊成为您精神生活的核心。